资治通鉴

线装国学经典

第一册

〔北宋〕司马光 著
李楠 编译

图书在版编目（CIP）数据

资治通鉴/［北宋］司马光著；李楠编译．—北京：北京工艺美术出版社，2019.1

（线装国学经典）

ISBN 978-7-5140-1581-2

Ⅰ．①资… Ⅱ．①司… ②李… Ⅲ．①中国历史–古代史–编年体 Ⅳ．①K204.3

中国版本图书馆CIP数据核字（2018）第212460号

出 版 人：陈高潮

责任编辑：张怀林 杨晓方

装帧设计：书心瞬意

责任印制：宋朝晖

资治通鉴

［北宋］司马光 著 李楠 编译

出　版	北京工艺美术出版社
发　行	北京美联京工图书有限公司
地　址	北京市朝阳区化工路甲18号 中国北京出版创意产业基地先导区
邮　编	100124
电　话	（010）84255105（总编室） （010）64283630（编辑室） （010）64280045（发　行）
传　真	（010）64280045/84255105
网　址	www.gmcbs.cn
经　销	全国新华书店
印　刷	三河市文通印刷包装有限公司
开　本	889毫米×1194毫米　1/16
印　张	40
版　次	2019年1月第1版
印　次	2019年1月第1次印刷
印　数	1～3000
书　号	ISBN 978-7-5140-1581-2
定　价	380.00（全四册）

前言

被称为标准的『帝王教科书』的《资治通鉴》，是一部继《左传》之后中国历史上最为著名的编年体通史，也是中国古代为官理政、治世省身的必修教材。

作者成书背景

《资治通鉴》为北宋司马光主编。司马光（公元1019~公元1086年），北宋著名政治家、史学家，字君实，陕州夏县涑水人，世称涑水先生。自少聪颖，博学多才，宝元年间举进士，历任大理评事等职，后任并州通判。嘉祐年间任天章阁待制兼侍讲、知谏院。英宗时官至龙图阁大学士。神宗时升任翰林学士、御史中丞。熙宁时，反对王安石变法，为守旧派首领。哲宗时任相位，主持国政，尽罢新法。司马光看到历代史书烦琐庞杂，皇帝不能遍览，曾仿《春秋左传》体裁，以年为纲，将战国至秦二世的历史编成八卷，定名《通志》，进呈英宗。这就是《资治通鉴》的前身。英宗治平三年（1066年），奉命自选官署，置局编纂，神宗元丰七年（1084年）完成此书，共历时十九年。宋神宗认为该书『鉴于往事，有资于治道』，御赐书名为『资治通鉴』。

原著内容价值

《资治通鉴》全书共二百九十四卷，记述了上至战国周威烈王二十三年（前403年）、下至五代后周世宗显德六年（959年）共一千三百六十二年间的史事。司马光在史学方面造诣极深，对编纂工作也极为严谨负责，从发起凡例到拟定提纲都亲自动手，再加上协助他修书的刘恕、范祖禹等都是当时有名的史学家，书稿编成后，又反复校订，数次删增，最后才成书。《资治通鉴》是经众多史学专家多年呕心沥血而成，故该书体例严整，网罗宏富，取材精审，结构完整，考证详密，文字流畅，博约得宜，是中国古代内容博大精深的史学名著。它囊括了中国古代丰富的历史资料，对了解中国古代的政治、军事、经济、文化等历史状况有极高的参考价值，同时也对现今执政实务和经济实践等各行各业都有重要的指导意义。《四库全书总目》称之为『前古未有』之书，梁启超誉之为『天地一大文』，一代伟人毛泽东也曾阅读圈点《资治通鉴》达十七遍之多。司马光之后，后世史家甚至形成了专门的『通鉴学』，而《资治通鉴》也一直被后人推崇至今。

本书编辑特点

（一）版本精良，择善而定。

从本书的版本研究上而言，《资治通鉴》历来注家众多，最有名的是宋末元初胡三省的点注本，与裴松之的《三国志》注本齐名。本书编者在参考胡注本及其他多家注本基础上，杂采众说，择善而定，精选出版，使本书具有一定的版本收藏价值。

（二）专家指导，全新校勘。

本书特别组织了北京大学、中国社会科学院、中国文化研究会等古籍整理专家和教授，在版本和校勘等方面给予本书编委会专业指导和支持。

（三）简体竖排，难点精注。

本书为简体竖排白话，满足广大读者的不同需求。本书编者在《资治通鉴》古为今用方面，做出了自己应有的努力。

由于典籍整理工程浩大，编者能力所限，书中难免有个别错误和遗漏，倘有不当，尚祈当世专家学者或正误之，观书君子或鉴谅之。

目录

第一册

资治通鉴

目录

第四册

后周纪

周纪

威烈王①

二十三年（戊寅、前四〇三）

初命晋大夫魏斯、赵籍、韩虔为诸侯。②

臣光曰：③臣闻天子之职莫大于礼，礼莫大于分，分④莫大于名。⑤何谓礼？纪纲是也；何谓分？君臣是也；何谓名？公、侯、卿、大夫是也。

夫以四海之广，兆民之众，⑥受制于一人，虽有绝伦之力，高世之智，莫不奔走而服役者，岂非以礼为之纲纪哉！是故天子统三公，⑦三公率诸侯，诸侯制卿大夫，卿大夫治士庶人。贵以临贱，贱以承贵。上之使下，犹心腹之运手足，根本之制支叶；下之事上，犹手足之卫心腹，支叶之庇本根。然后能上下相保而国家治安。故曰：天子之职莫大于礼也。

文王序《易》，以乾坤为首。孔子系之曰：⑧『天尊地卑，乾坤定矣。卑高以陈，贵贱位矣。』言君臣之位，犹天地之不可易也。《春秋》抑诸侯，尊周室，王人虽微，序于诸侯之上，以是见圣人于君臣之际，未尝不惓惓也。⑨非有桀、纣之暴，汤、武之仁，人归之，天命之，君臣之分，当守节伏死而已矣。是故以微子而代纣，则成汤配天矣；⑩以季札而君吴，则太伯血食矣。⑪然二子宁亡国而不为者，诚以礼之大节不可乱也。故曰：礼莫大于分也。

夫礼，辨贵贱，序亲疏，裁群物，制庶事。非名不著，非器不形。⑫名以命之，器以别之，然后上下粲然有伦，此礼之大经也。名器既亡，则礼安得独在哉？昔仲叔于奚有功于卫，⑬辞邑而请繁缨，⑭孔子以为不如多与之邑。惟器与名，不可以假人，君之所司也。政亡，则国家从之。卫君待孔子而为政，孔子欲先正名，以为名不正则民无所措手足。夫繁缨，小物也，而孔子惜之；正名，细务也，而孔子先之。诚以名器既乱，则上下无以相有故也。夫事未有不生于微而成于著。圣人之虑远，故能谨其微而治之；众人之识近，故必待其著而后救之。治其微，则用力寡而功多；救其著，则竭力而不能及也。《易》曰：『履霜坚冰至』，⑯《书》曰：『一日二日万幾』，⑯谓此类也。故曰：分莫大于名也。

呜呼！幽、厉失德，周道日衰，纲纪散坏，下陵上替，诸侯专征，大夫擅政。礼之大体，什丧七八矣。然文、武之祀犹绵绵相属者，盖以周之子孙尚能守其名分故也。何以言之？昔晋文公有大功于王室，⑰请隧于襄王，⑱襄王不许，曰：『王章也。未有代德而有二王，亦叔父之所恶也。[19]不然，叔父有地而隧，又何请焉！』文公于是乎惧而不敢违。是故以周之地则不大于曹、滕，以周之民则不众于邾、莒，然历数百年，宗主天下，虽以晋、楚、齐、秦之强，不敢加者，何哉？徒以名分尚存故也。至于季氏之于鲁，[20]田常之于齐，[21]白公之于楚，[22]智伯之于晋，[23]其势皆足以逐君而自为，然而卒不敢者，岂其力不足而心不忍哉？乃畏奸名犯分而天下共诛之也。今晋大夫暴蔑其君，剖分晋国，[24]天子既不能讨，又宠秩之，使列于诸侯，是区区之名分复不能守而并弃之也。先王之礼于斯尽矣。或者以为当是之时，周室微弱，三晋强盛，虽欲勿许，其可得乎？是大不然。夫三晋虽强，苟不顾天下之诛而犯义侵礼，则不请于天子而自立矣。不请于天子而自立，则为悖逆之臣。天下苟有桓、文之君，必奉礼义而征之。今请于天子而天子许之，是受天子之命而为诸侯也，谁得而讨之！故三晋之列于诸侯，非三晋之坏礼，乃天子自坏之也。

呜呼！君臣之礼既坏矣，则天下以智力相雄长，遂使圣贤之后为诸侯者，社稷无不泯绝，生民之害糜灭几尽，岂不哀哉！

【注释】

①威烈王：即姬午，周考王之子。威烈是谥号。谥号是古代的帝王、大臣、贵族等死后，按其生前事迹评定的带有褒贬意义的称号。②『初命』句：魏、赵、韩三家，世代为晋国大夫，对周朝说来是陪臣。三家瓜分晋权，当时是破坏礼制的行为，威烈王居然首次命这些大夫为诸侯。《资治通鉴》谴责周天子崇奖侵礼犯分，自己坏乱礼制的行为，并以此为史鉴首事。《资治通鉴》全书自始至终，贯穿了维护礼制名分的思想。③臣光曰：『臣光曰』是《资治通鉴》的重要组成部分，是针对篇中所载述的典型史事发表的评论，也就是『史论』。它既集中地体现了司马光的政治意识、历史观点，又表明了载述该史事的意图，反映了他『穷探治乱之迹，上助圣明之鉴』的编写目的。《资治通鉴》对史事的评论，除标明『臣光曰』的之外，引载前人评论的情况也很多。④分：指人的地位和身份。⑤名：名位，即官职。⑥兆民：众多人民。⑦三公：对于周代的三公，有两种不同的说法。一说司马、司徒、司空为三公；一说太师、太傅、太保为三公。⑧『孔子』句：据说孔子为《周易》作了《系辞传》。它是《易传》思想的代表作，是解释《易》的《十翼》中的两篇。『系』，系属，是说系属其辞于爻卦之下。⑨惓惓：诚恳、

深切。⑩微子：据《史记》记载，商朝帝乙有三子，长子微子启，次子中衍，第三子为纣帝乙想立微子启为太子，太史认为微子启是妾所生，不当立，当立妻所生子纣。微子有贤才，曾劝谏过纣王。成汤，即商汤，商朝的建立者，甲骨文里称唐或大乙。配天，古人以为万物本于天，人本于祖，祖天可以相配，因此王者都以自己之祖配天。这里是指汤可以永远成为王者之祖以配天，宗庙祭祀不绝。⑪季札：吴王寿梦的第四子，极赋贤才。寿梦欲立季札继位，季札辞让不受，结果传位给长子诸樊。诸樊死后，传位给次子余昧。本可兄弟依次相传，最后传位给季札，但季札最后辞让逃避。吴国发生了诸樊子光与余昧子僚争立的局面。当传位至夫差后，吴国终于灭亡。太伯，吴立国的国君。血食：因宗庙祭祀用杀牲，所以称血食。⑫器：这里指名爵等级不同所享用不同规格的车马服饰等。⑬仲叔于奚：人名。据《左传》记载，卫国的孙桓子率军与齐国在新筑开战，卫军战败。新筑人仲叔于奚救了孙桓子免于死难，立了大功。⑭繁缨：古代天子诸侯驾车的马之服饰，即马的带饰。繁，通『鞶』，马腹带。缨，马颈革带。⑮履霜，坚冰至：指当开始践踏到大地上的白霜时，就要想到大地结坚冰的严冬即将来临。⑯一日二日万几：意思是一天天都在发生着许多隐微的事情，应谨慎对待。⑰晋文公有大功于王室：周襄王之弟太叔带为争王位，引狄人攻打襄王，襄王离开成周到郑国，住在汜地，晋文公重耳率军救难，杀死太叔带，送周襄王回王城。⑱请隧：请求死后可以依照开地作墓道送棺柩进墓室的礼制举行丧葬。⑲叔父：古代天子称同姓诸侯为伯父、叔父。⑳季氏之于鲁：鲁国的大夫季氏，自季友之后，累世掌握鲁国国政。季平子时驱逐鲁昭公到齐国，季康子时驱逐鲁哀公，可他们都未敢篡国。㉑田常之于齐：田氏本为陈氏，田常即陈成子恒，他是齐国的大臣，后来杀死了大夫阚止，又杀死了国君齐简公，执掌齐国的大政，但没有篡夺齐国。㉒白公之于楚：楚国的白公胜作乱，杀死令尹子西、司马子期，但他不敢杀死楚惠王。㉓智伯之于晋：智伯在晋国各大夫中势力最大，专擅晋国国政，侵伐邻国。他攻打晋国国君晋出公，出公死后，他立了哀公骄为国君，不敢篡夺晋国。㉔剖分晋国：周贞定王十六年（公元前453年）赵、韩、魏三家灭掉智氏，三分其地。从此，晋国便被赵、韩、魏三家控制、瓜分。

初，智宣子将以瑶为后。智果曰：『不如宵也。①瑶之贤于人者五，其不逮者一也。美鬓长大则贤，射御足力则贤，伎艺毕给则贤，巧文辩慧则贤，强毅果敢则贤，如是而甚不仁。夫以其五贤陵人，而以不仁行之，其谁能待之？

若果立瑶也，智宗必灭。」弗听，智果别族于太史[2]为辅氏。

赵简子之子，[3]长曰伯鲁，幼曰无恤。将置后，不知所立。乃书训戒之辞于二简，以授二子曰：「谨识之。」[4]三年而问之，伯鲁不能举其辞，求其简，已失之矣。问无恤，诵其辞甚习，求其简，出诸袖中而奏之。于是简子以无恤为贤，立以为后。

简子使尹铎为晋阳。[5]请曰：「以为茧丝乎？[6]抑为保障乎？」[7]简子曰：「保障哉！」尹铎损其户数。[8]

简子谓无恤曰：「晋国有难，而无以尹铎为少，[9]无以晋阳为远，必以为归。」及智宣子卒，智襄子为政，与韩康子、魏桓子宴于蓝台。[10]智伯戏康子而侮段规，[11]智国闻之，[12]谏曰：「主不备，[13]难必至矣！」智伯曰：「难将由我。我不为难，谁敢兴之？」对曰：「不然。《夏书》有之曰：『一人三失，怨岂在明，不见是图。』[14]夫君子能勤小物，故无大患。今主一宴而耻人之君相，又弗备，曰不敢兴难，无乃不可乎！蚋、蚁、蜂、虿，[15]皆能害人，况君相乎！」弗听。

【注释】

①智宣子：晋国的卿荀跞的儿子，名申。瑶，智宣子的儿子智伯，也称为荀瑶，死后的谥号为襄子。智果：智宣子的同族。宵：智宣子的庶子。②别族于太史：在太史那里另立族姓。当时太史掌管氏姓。③赵简子：名鞅。④识：记住。⑤晋阳：今山西省太原市西南营西古城。⑥茧丝：指敛取人民的财物像抽茧丝一样，不抽尽就不停止。⑦保障：指待民宽厚，少敛取财物，让人民生活丰厚，这就像筑堡为屏障一样。⑧损其户数：减少户数，以使税收额减少。⑨而：汝，你。少，指轻视，不倚重。⑩韩康子：名虎。魏桓子：名驹。⑪段规：韩康子的相。⑫智国：晋国的大夫，智氏的同族。⑬主：大夫的家臣称大夫为主。⑭以上三句：意思是，一个人有多次失误，积怨难道要等到显著时才去处置？在怨恨没显现时就应该谋划对策。⑮蚋：蚊属小虫。虿：蝎类毒虫。

智伯请地于韩康子，康子欲弗与。段规曰：「智伯好利而愎，[1]不与，将伐我；不如与之。彼狃于得地，[2]必请于佗人；佗人不与，必向之以兵。然则我得免于患而待事之变矣。」康子曰：「善。」使使者致万家之邑于智伯，智伯悦。又求地于魏桓子，桓子欲弗与。任章曰：[3]「何故弗与？」桓子曰：「无故索地，故弗与。」任章曰：「无故索地，诸大夫必惧，吾与之地，智伯必骄。彼骄而轻敌，此惧而相亲。以相亲之兵待轻敌之人，智氏之命必不长矣。《周书》曰：『将欲败之，必姑辅之；将欲取之，必姑与之。』主不如与之以骄智伯，然后可以择交而图智氏矣。奈何独以吾为智氏质乎！』④桓子曰：『善。』复与之万家之邑一。

智伯又求蔡、皋狼之地于赵襄子，⑤襄子弗与。智伯怒，帅韩、魏之甲以攻赵氏。襄子将出，曰：『吾何走乎？』从者曰：『长子近，⑥且城厚完。』襄子曰：『民罢力以完之，⑦又毙死以守之，其谁与我！』从者曰：『邯郸之仓库实。』⑧襄子曰：『浚民之膏泽以实之，⑨又因而杀之，其谁与我！其晋阳乎，先主之所属也，尹铎之所宽也，民必和矣。』乃走晋阳。三家以国人围而灌之，⑩城不浸者三版。⑪沈灶产蛙，⑫民无叛意。智伯行水，魏桓子御，韩康子骖乘。⑬智伯曰：『吾乃今知水可以亡人国也。』桓子肘康子，康子履桓子之跗，⑭以汾水可以灌安邑，绛水可以灌平阳也。絺疵谓智伯曰：『韩、魏必反矣。』智伯曰：『子何以知之？』絺疵曰：『以人事知之。夫从韩、魏之兵以攻赵，赵亡，难必及韩、魏矣。今约胜赵而三分其地，城不没者三版，人马相食，城降有日，而二子无喜志，有忧色，是非反而何？』明日，智伯以絺疵之言告二子，二子曰：『此夫谗臣欲为赵氏游说，⑮使主疑于二家而懈于攻赵氏也。不然，夫二家岂不利朝夕分赵氏之田，而欲为危难不可成之事乎？』二子出，絺疵入曰：『主何以臣之言告二子也？』智伯曰：『子何以知之？』对曰：『臣见其视臣端而趋疾，知臣得其情故也。』智伯不悛。⑯

絺疵请使于齐。赵襄子使张孟谈潜出见二子，曰：『臣闻唇亡则齿寒。今智伯帅韩、魏而攻赵，赵亡则韩、魏为之次矣。』二子曰：『我心知其然也，恐事未遂而谋泄，则祸立至矣』。张孟谈曰：『谋出二主之口，入臣之耳，何伤也？』二子乃阴与张孟谈约，为之期日而遣之。襄子夜使人杀守堤之吏，而决水灌智伯军。智伯军救水而乱，韩、魏翼而击之，襄子将卒犯其前，大败智伯之众。遂杀智伯，尽灭智氏之族。唯辅果在。

【注释】

①愎：倔强。②狃：习以为常，视为当然。③任章：魏桓子的相。④质：箭靶，或称『质的』，古代杀人用的椹垫，用以承斧、钺。⑤蔡：即蔡邑，在今河南上蔡县西南，皋狼，即皋狼邑，今山西离石县西北。⑥长子：邑名，今山西长子县西南。⑦罢：通疲，劳累。⑧邯郸：邑名，今河北邯郸市西南。⑨浚：榨取。⑩国人：西周、春秋时期居

住于国都之内的人通称国人。⑪三版：六尺高为三版。⑫沈灶产蛙：指大水淹没庐舍，灶沉于水中，日久致生虾蟆。沉灶之后，只能悬釜而炊，即把锅釜悬吊在架子上，其下烧火做炊。⑬骖乘：指古代乘车在车右陪乘的人。⑭跗：指脚背。⑮谗臣：说别人坏话的人。⑯悛：改过。

臣光曰：智伯之亡也，才胜德也。夫才与德异，而世俗莫之能辨，通谓之贤，此其所以失人也。夫聪察强毅之谓才，正直中和之谓德。才者，德之资也；德者，才之帅也。云梦之竹，①天下之劲也，然而不矫揉，不羽括，②则不能以入坚；棠谿之金，③天下之利也，然而不熔范，④不砥砺，⑤则不能以击强。是故才德全尽谓之圣人，才德兼亡谓之愚人，德胜才谓之君子，才胜德谓之小人。凡取人之术，苟不得圣人、君子而与之，与其得小人，不若得愚人。何则？君子挟才以为善，小人挟才以为恶。挟才以为善者，善无不至矣；挟才以为恶者，恶亦无不至矣。愚者虽欲为不善，智不能周，力不能胜，譬之乳狗⑥搏人，人得而制之。小人智足以遂其奸，勇足以决其暴，是虎而翼者也，其为害岂不多哉！夫德者人之所严，而才者人之所爱。爱者易亲，严者易疏，是以察者多蔽于才而遗于德。自古昔以来，国之乱臣，家之败子，才有馀而德不足，以至于颠覆者多矣，岂特智伯哉！故为国为家者，苟能审于才德之分而知所先后，又何失人之足患哉！

【注释】

①云梦之竹：指云梦出产的竹箭。②矫揉：揉桡曲使之直称为矫揉。羽：这里指箭翎。括，通作『筈』，是箭枝的末端，就是射箭时搭在弓弦上的部分。③棠谿之金：指棠谿出产的剑。④镕：指销镕。范，指铸造金属器物的范模。⑤砥砺：指磨厉使刀剑锋利。⑥乳狗：指尚在哺乳幼狗的母狗。

三家分智氏之田。赵襄子漆智伯之头，以为饮器。①智伯之臣豫让欲为之报仇，②乃诈为刑人，③挟匕首，入襄子宫中涂厕。④襄子如厕心动，索之，获豫让。左右欲杀之，襄子曰：『智伯死无后，而此人欲为报仇，真义士也！吾谨避之耳。』乃舍之。豫让又漆身为癞，吞炭为哑，行乞于市，其妻不识也。行见其友，其友识之，为之泣曰：『以子之才，臣事赵孟，⑤必得近幸。子乃为所欲为，顾不易邪？何乃自苦如此！求以报仇，不亦难乎？』豫让曰：『不可！

既已委质为臣，⑥而又求杀之，是二心也。凡吾所为者，极难耳。然所以为此者，将以愧天下后世之为人臣怀二心者也。」襄子出，豫让伏于桥下。襄子至桥，马惊，索之，得豫让，遂杀之。

襄子为伯鲁之不立也，有子五人，不肯置后。封伯鲁之子于代，曰代成君，早卒，立其子浣为赵氏后。襄子卒，弟桓子逐浣而自立，一年卒。赵氏之人曰：「桓子立，非襄主意。」乃共杀其子，复迎浣而立之，是为献子。献子生籍，是为烈侯。魏斯者，桓子之孙也，是为文侯。韩康子生武子，武子生虔，是为景侯。魏文侯以卜子夏、田子方为师，⑦每过段干木之庐必式。⑧四方贤士多归之。

文侯与群臣饮酒，乐，而天雨，命驾将适野。左右曰：「今日饮酒乐，天又雨，君将安之？」文侯曰：「吾与虞人期猎，⑨虽乐，岂可无一会期哉！」乃往，身自罢之。

韩借师于魏以伐赵。文侯曰：「寡人与赵，⑩兄弟也，不敢闻命。」赵借师于魏以伐韩，文侯应之亦然。二国皆怒而去。已而知文侯以讲于己也，⑪皆朝于魏。魏由是始大于三晋，诸侯莫能与之争。

使乐羊伐中山，⑫克之，以封其子击。文侯问于群臣曰：「我何如主？」皆曰：「仁君。」任座曰：「君得中山，不以封君之弟而以封君之子，何谓仁君？」文侯怒，任座趋出。次问翟璜，对曰：「仁君也。」文侯曰：「何以知之？」对曰：「臣闻君仁则臣直。向者任座之言直，臣是以知之。」文侯悦，使翟璜召任座而反之，亲下堂迎之，以为上客。

文侯与田子方饮，文侯曰：「钟声不比乎？⑬左高。」⑭田子方笑。文侯曰：「何笑？」子方曰：「臣闻之，君明乐官，不明乐音。今君审于音，臣恐其聋于官也。」文侯曰：「善。」

子击出，遭田子方于道，下车伏谒。子方不为礼。子击怒，谓子方曰：「富贵者骄人乎？贫贱者骄人乎？」子方曰：「亦贫贱者骄人耳，富贵者安敢骄人？国君而骄人则失其国，大夫而骄人则失其家。失其国者未闻有以国待之者也，失其家者未闻有以家待之者也。夫士贫贱者，言不用，行不合，则纳履而去耳，安往而不得贫贱哉！」子击乃谢之。

【注释】

①饮器：饮酒的器皿。②豫让：姓豫名让，是智伯瑶的家臣。③刑人：受过刑罚，形体受损伤的人，古代多以刑人服劳役。④涂厕：涂刷修治厕所。⑤赵孟：在春秋时期，把赵宣子称为宣孟，赵文子称为赵孟，这之后赵国继

位的人就被称为赵孟。⑥委质：放下礼物，表示恭敬奉事。⑦卜子夏：即卜商，今河南温县西南人，孔子的学生，曾做官为莒父宰。孔子死后，到魏国西河讲学，传播孔子的学说。⑧段干木：姓段干，名木，战国初期魏国人。原为晋国的市侩，就学于孔子的学生子夏。魏文侯优礼给予爵禄官职，他都不接受。式：同轼，指一种礼节，即俯身按着车轼表示敬意。⑨虞人，或作吴人，古代掌管山泽的官。⑩寡人：诸侯自称寡人，是寡德之人的意思。⑪讲：这里是和解的意思。⑫乐羊：姓乐，名羊，战国时魏国的将领，后封于灵寿（今河北平山县东北），其子孙世代为将。⑬比：和协。⑭左高：指悬挂的编钟，左边高，所以声音不和。

文侯谓李克曰：①『先生尝有言曰：「家贫思良妻，国乱思良相。」今所置非成则璜，二子何如？』对曰：『卑不谋尊，疏不谋戚。臣在阙门之外，②不敢当命。』文侯曰：『先生临事勿让。』克曰：『君弗察故也。居视其所亲，富视其所与，达视其所举，穷视其所不为，贫视其所不取，五者足以定之矣，何待克哉！』文侯曰：『先生就舍，吾之相定矣。』李克出，见翟璜。翟璜曰：『今者闻君召先生而卜相，果谁为之？』克曰：『魏成。』翟璜忿然作色曰：『西河守吴起，③臣所进也；君内以邺为忧，④臣进西门豹；⑤君欲伐中山，臣进乐羊；中山已拔，无使守之，臣进先生；君之子无傅，臣进屈侯鲋。以耳目之所睹记，臣何负于魏成？』李克曰：『子之言克于子之君者，岂将比周以求大官哉？⑥君问相于克，克之对如是。所以知君之必相魏成者，魏成食禄千钟，⑦什九在外，什一在内，是以东得卜子夏、田子方、段干木。此三人者，君皆师之；子所进五人者，君皆臣之。子恶得与魏成比也！』翟璜逡巡再拜曰：⑧『璜，鄙人也，失对，愿卒为弟子。』

【注释】

①李克：战国初的政治家，曾就学于孔子的学生子夏。魏文侯灭中山国后，以子击为中山君，李克为中山相。他的政治主张主要是，爵禄给予有功劳的人，赏罚必当，招揽四方贤才。②阙门之外：这里是说自己处于中央之外的疏远位置。西河：又称河西。魏文侯以吴起为西河守，其所辖境在陕西东部黄河西岸地区。③吴起：战国时兵家，卫国人。先在鲁国为将，后为魏国将，善用兵。魏文侯时为西河守，文侯死后遭陷害，逃到楚国，官至令尹，实行变法，楚国富强。楚悼王死后，被贵族杀害。④邺：古都邑名，今河北临漳县西南邺镇。⑤西门豹：姓氏为西门，名豹，

魏文侯任他为邺令。他破除当地『河伯娶妇』的迷信，并开凿水渠十二条，引漳水灌溉，改良土壤，发展农业生产。⑥比周：这里即结党营私。⑦钟：古代量的单位。⑧逡巡：指退却，恐惧。

吴起者，卫人，仕于鲁。齐人伐鲁，鲁人欲以为将，起取齐女为妻，鲁人疑之，起杀妻以求将，大破齐师。或谮之鲁侯曰：『起始事曾参，[1]母死不奔丧，曾参绝之。今又杀妻以求为君将。起，残忍薄行人也。且以鲁国区区而有胜敌之名，则诸侯图鲁矣。』起恐得罪。闻魏文侯贤，乃往归之。文侯问诸李克，李克曰：『起贪而好色，然用兵，司马穰苴弗能过也。』[2]于是文侯以为将，击秦，拔五城。

起之为将，与士卒最下者同衣食，卧不设席，行不骑乘，[3]亲裹赢粮，[4]与士卒分劳苦。卒有病疽者，[5]起为吮之。卒母闻而哭之。人曰：『子，卒也，而将军自吮其疽，何哭为？』母曰：『非然也。往年吴公吮其父，其父战不还踵，遂死于敌。吴公今又吮其子，妾不知其死所矣，是以哭之。』

燕湣公薨，[6]子僖公立。

【注释】

①曾参（公元前505～公元前436年）：即孔子的学生曾子，字子舆，今山东费县人，以孝著称。②司马穰苴：春秋时齐国大夫，田氏，名穰苴。任官为司马，深通兵法。奉齐景公的命令击退晋、燕军队，收复失地。战国时齐威王命大夫整理古司马兵法，并把他的兵法附入其中，称为《司马穰苴兵法》，详见《史记·司马穰苴列传》。又战国时齐将有司马穰苴，善用兵，曾执掌国政，后为齐湣王杀死。因此，有一种说法认为，所谓春秋时的司马穰苴，实系战国时司马穰苴的误传。③不骑乘：不骑马、不乘车。④赢：担负。⑤疽：痈疽。⑥燕：本作匽、郾，周分封的诸侯国，姬姓，开国君主为召公奭。辖地在今河北北部和辽宁西端，建都于蓟（今北京西南隅）。薨：周代诸侯死去称薨。

二十四年 王崩，[1]子安王骄立。

盗杀楚声王，[2]国人立其子悼王。

【注释】①崩：天子死去称为崩。②楚：楚国，芈姓，始祖为鬻熊。西周时建都于丹阳（今湖北秭归东南），常与周交战，到熊渠为国君时，疆域扩大到长江中游地区，即建都城于郢（今湖北江陵西北纪王城）。春秋时兼并近邻小国，并与晋国争霸，楚庄王时曾成为霸主。到战国其势力鼎盛时，辖境西北达武关（今陕西商南西北），东南及今江苏、浙江境，东北到今山东南部，西南到广西东北角。声王：名当。

秦纪

秦始皇帝上

元年 蒙骜击定之。

韩欲疲秦人，使无东伐，乃使水工郑国为间于秦，凿泾水自仲山为渠，[1]并北山，[2]东注洛。[3]中作而觉，秦人欲杀之。郑国曰：『臣为韩延数年之命，然渠成，亦秦万世之利也。』乃使卒为之。注填阏之水溉舄卤之地四万余顷，[4]收皆亩一钟，[5]关中由是益富饶。

二年 麃公将卒攻卷，斩首三万。

赵以廉颇为假相国，[6]伐魏，取繁阳。[7]赵孝成王薨，子悼襄王立，使武襄君乐乘代廉颇。廉颇怒，攻武襄君，武襄君走，廉颇出奔魏。久之，魏不能信用。赵师数困于秦，赵王思复得廉颇，廉颇亦思复用于赵。赵王使使者视廉颇尚可用否。廉颇之仇郭开多与使者金，令毁之。廉颇见使者，一饭斗米，肉十斤，被甲上马，以示可用。使者还报曰：『廉将军虽老，尚善饭，然与臣坐，顷之三遗矢矣。』[8]赵王以为老，遂不召。楚人阴使迎之。廉颇一为楚将，无功，曰：『我思用赵人。』卒死于寿春。[9]

三年 大饥。[10]

蒙骜伐韩，取十二城。

赵王以李牧为将，伐燕，取武遂、方城。[11]李牧者，赵之北边良将也，尝居代、雁门备匈奴，[12]以便宜置吏，市租皆输入莫府，[13]为士卒费，日击数牛飨士，习骑射，谨烽火，多间谍，为约曰：『匈奴即入盗，急入收保。[14]有敢捕虏者斩！』匈奴每入，烽火谨，辄入收保不战。如是数岁，亦不亡失。匈奴皆以为怯，虽赵边兵亦以为吾将怯。赵王让之，李牧如故。王怒，使他人代之。岁余，屡出战，不利，多失亡，边不得田畜。王复请李牧，李牧杜门称病不出。[15]王强起之，李牧曰：『必用臣，臣如前，乃敢奉令。』王许之。李牧至边，如约。匈奴数岁无所得，终以为怯。边士日得赏赐而不用，皆愿一战。于是乃具选车得千三百乘，选骑得万三千匹，百金之士五万人，彀者十万人，[16]悉勒习战，[17]大纵畜牧，人民满野。匈奴小入，佯北不胜，[18]以数十人委之。[19]单于闻之，[20]大率众来入。李牧多为奇陈，[21]张左、右翼击之，大破杀匈奴十余万骑，灭襜褴，[22]破东胡，[23]降林胡。单于奔走，十余岁不敢近赵边。

【注释】

①仲山：在今陕西省泾阳县西北。②并：通“傍”，挨着，依沿着。③洛：即陕西省的洛河。④填阏：填塞。阏，阻塞。舄卤，又作“斥卤”，含盐咸成分过多，不适宜耕种的土地。⑤钟：古量单位。⑥假相国：暂时的或名义上的相国。假相国是权宜而立。⑦繁阳：在今河南省内黄县西北，西汉时置为县。⑧三遗矢：即多次起身去解大便。⑨寿春：即今安徽省寿县。⑩大饥：即大灾荒。⑪武遂：即今河北省徐水县西北遂城。方城，即今河北省固安县西南的方城。⑫雁门：即战国赵武灵王所置的雁门郡。⑬莫府：即幕府。古代将军的府署称为幕府。因军队出征，施用帐幕，故称。莫，通“幕”。⑭收保：收畜产以自保。⑮杜门：闭门不出。⑯彀者：能张弓射箭的士兵。⑰勒：约束，训练。⑱佯北：假装败走。⑲委：弃，丢弃。⑳单于：匈奴最高首领的称号。㉑陈：“阵”的古字。㉒襜褴：战国时分布在今山西省朔县北至内蒙古自治区，从事畜牧，精骑射。㉓东胡：古族名，因居匈奴以西而得名。

先是时，天下冠带之国七，①而三国边于戎狄：秦自陇以西有绵诸、绲戎、翟、獂之戎，②岐、梁、泾、漆之北有义渠、大荔、乌氏、朐衍之戎；③而赵北有林胡、楼烦之戎；燕北有东胡、山戎；④各分散居溪谷，自有君长，往往而聚者百有余戎，然莫能相一。其后义渠筑城郭以自守，而秦稍蚕食之，至惠王遂拔义渠二十五城。昭王之时，宣太后诱义渠王，杀诸甘泉，⑤遂发兵伐义渠，灭之；始于陇西、北地、上郡筑长城以拒胡。⑥赵武灵王北破林胡、楼烦，筑长城，自代并阴山下，⑦至高阙为塞，⑧而置云中、雁门、代郡。⑨其后燕将秦开为质于胡，胡甚信之；归而袭破东胡，东胡却千余里；燕亦筑长城，自造阳至襄平，⑩置上谷、渔阳、右北平、辽东郡以距胡。⑪及战国之末而匈奴始大。

四年 春，蒙骜伐魏，取畼、有诡。⑫三月，军罢。

秦质子归自赵；赵太子出归国。

七月，蝗，疫。令百姓纳粟千石，拜爵一级。

魏安釐王薨，子景湣王立。

五年 蒙骜伐魏，取酸枣、燕、虚、长平、雍丘、山阳等二十城；⑬初置东郡。⑭

初，剧辛在赵与庞煖善，已而仕燕。燕王见赵数困于秦，廉颇去而庞煖为将，欲因其敝而攻之，问于剧辛，对曰：『庞煖易与耳。』燕王使剧辛将而伐赵。赵庞煖御之，杀剧辛，取燕师二万。

诸侯患秦攻伐无已时。

六年　楚、赵、魏、韩、卫合从以伐秦，楚王为从长，春申君用事，取寿陵。⑮至函谷，秦师出，五国之师皆败走。楚王以咎春申君，春申君以此益疏。观津人朱英谓春申君曰：『人皆以楚为强，君用之而弱。其于英不然。先君时，秦善楚，二十年而不攻楚，何也？秦逾黾厄之塞而攻楚，⑯不便；假道于两周，背韩、魏而攻楚，不可。今则不然。魏旦暮亡，不能爱许、鄢陵，⑰魏割以与秦，秦兵去陈百六十里。臣之所观者，见秦、楚之日斗也。』楚于是去陈，⑱徙寿春，命曰郢。春申君就封于吴，行相事。

秦拔魏朝歌，⑲及卫濮阳。⑳卫元君率其支属徙居野王，㉑阻其山以保魏之河内。

七年　伐魏，取汲。

夏太后薨。

蒙骜卒。

八年　魏与赵邺。㉒

韩桓惠王薨，子安立。

九年　伐魏，取垣、蒲。㉓

夏，四月，寒，民有冻死者。

王宿雍。

己酉，王冠，带剑。

杨端和伐魏，取衍氏。㉔

初，王即位，年少，太后时时与文信侯私通。王益壮，文信侯恐事觉，祸及己，乃诈以舍人嫪毐为宦者，㉕进于太后。太后幸之，生二子，封毐为长信侯，以太原为毐国，政事皆决于毐；客求为毐舍人者甚众。王左右有与毐争言者，告毐实非宦者，王下吏治毐毐惧，矫王御玺发兵，欲攻蕲年宫为乱。王使相国昌平君、昌文君发卒攻毐，战咸阳，斩首数百；毐败走，获之。秋，九月，夷毐三族；党与皆车裂灭宗；舍人罪轻者徙蜀，凡四千余家。迁太后于雍萯阳宫，㉖杀其二子。下令曰：『敢以太后事谏者，戮而杀之，断其四支，积之阙下！』死者二十七人。齐客茅焦上谒请谏。王使谓之曰：『若不见夫积阙下者邪？』对曰：『臣闻天有二十八宿，㉗今死者二十七人，臣之来固欲满其数耳。臣非畏死者也！』使者走入白之。茅焦邑子同食者，尽负其衣物而逃。王大怒曰：『是人也，故来犯吾，趣召镬烹之，㉘是安得积阙下哉！』王按剑而坐，口正沫出。使者召之入，茅焦徐行至前，再拜谒起，称曰：『臣闻有生者不讳死，有国者不讳亡。讳死者不可以得生，讳亡者不可以得存。死生存亡，圣主所欲急闻也，陛下欲闻之乎？』王曰：『何谓也？』茅焦曰：『陛下有狂悖之行，㉙不自知邪？车裂假父，囊扑二弟，㉚迁母于雍，残戮谏士，桀、纣之行不至于是矣。令天下闻之，尽瓦解，无向秦者，臣窃为陛下危之！臣言已矣！』乃解衣伏质。㉛王下殿，手自接之曰：『先生起就衣，今愿受事！』乃爵之上卿。王自驾，虚左方，往迎太后，归于咸阳，复为母子如初。

楚考烈王无子，春申君患之，求妇人宜子者甚众，进之，卒无子。赵人李园持其妹欲进诸楚王，闻其不宜子，恐久无宠，乃求为春申君舍人。已而谒归，故失期而还。春申君问之，李园曰：『齐王使人求臣之妹，与其使者饮，故失期。』春申君曰：『聘入乎？』曰：『未也。』春申君遂纳之。既而有娠，㉜李园使其妹说春申君曰：『楚王贵幸君，虽兄弟不如也。今君相楚二十余年而王无子，即百岁后将更立兄弟，㉝彼亦各贵其故所亲，君又安得常保此宠乎！非徒然也，君贵，用事久，多失礼于王之兄弟，兄弟立，祸且及身矣。今妾有娠而人莫知，妾幸君未久，诚以君之重，进妾于王，王必幸之。妾赖天而有男，则是君之子为王也。楚国尽可得，孰与身临不测之祸哉！』春申君大然之。乃出李园妹，谨舍而言诸楚王。王召入，幸之，遂生男，立为太子。

李园妹为王后，李园亦贵用事，而恐春申君泄其语，阴养死士，欲杀春申君以灭口；国人颇有知之者。楚王病，朱英谓春申君曰：『世有无望之福，㉞亦有无望之祸。今君处无望之世，事无望之主，安可以无无望之人乎！』春申君曰：『何谓无望之福？』曰：『君相楚二十余年矣，虽名相国，其实王也。王今病，旦暮薨，薨而君相幼主，因而当国，王长而反政，不即遂南面称孤，此所谓无望之福也。』『何谓无望之祸？』曰：『李园不治国而君之仇也，不为兵而养死士之日久矣。王薨，李园必先入，据权而杀君以灭口，此所谓无望之祸也。』『何谓无望之人？』曰：『君置臣郎中，王薨，李园先入，臣为君杀之，此所谓无望之人也。』春申君曰：『足下置之。李园，弱人也，仆又善之。且何至此！』朱英知言不用，惧而亡去。后十七日，楚王薨，李园果先入，伏死士于棘门之内。㉟春申君入，死士侠刺之，投其首于棘门之外；于是使吏尽捕诛春申君之家。太子立，是为幽王。

扬子《法言》曰：或问：『信陵、平原、孟尝、春申益乎？』曰：『上失其政，奸臣窃国命，何其益乎！』

王以文信侯奉先王功大，不忍诛。

【注释】

①冠带之国：这里实际指中原各国及秦、赵、燕等与胡、戎、狄各族相接壤的国家。②绵诸：地在今甘肃省清水县一带。绲戎，即昆夷，古代的犬戎族，殷周时游牧于泾、渭流域，当在今陕西省彬县、岐山一带。翟，即狄。狄族居于今甘肃省临洮县一带。豲，春秋时的西戎国，在今甘肃省陇西县东南。③岐：岐山，在今陕西省岐山县东北。梁：梁山，在今陕西省乾县西北，西南迤逦至今扶风县北境。泾：在今陕西省中部。漆：漆水，有一种说法认为是今陕西省彬县泾河支流水帘河。义渠：古西戎族之一，分布于岐山、梁山、泾河、漆水之北以及今甘肃省庆阳、泾川一带。大荔：古西戎族之一，分布于今陕西省大荔县一带。乌氏：分布于今甘肃省平凉县一带。朐衍：在今宁夏盐池县一带。④山戎：分布在今河北省北部。⑤甘泉：在今陕西省淳北县西北甘泉山上。⑥陇西：在今甘肃省临洮县。北地，今甘肃省庆阳县西南。上郡：今陕西省榆林县东南。⑦并：通『傍』，挨着，沿着。⑧高阙：在今内蒙古乌拉特中后联合旗西南。⑨云中：今内蒙古托克托县东北。雁门：即今山西省右玉县东南。⑩造阳：在今河北省独山口附近。襄平：在今辽宁省辽阳市。⑪上谷：即今河北省怀来县东南。渔阳：今北京市密云县西南。右北平：即今天津市蓟县。辽东郡：即今辽宁省辽阳市老城区。⑫畼：按司马贞的《史记索隐》，音畅，战国魏的邑名。有诡：魏邑名。⑬酸枣：在今河南省延津县西南。燕：在今河南省延津县东北。虚：在今河南封丘县北。长平：在今河南省西华县东北。雍丘：在今河南杞县。山阳：在今河南焦作市东南。⑭东郡：即今河南省濮阳县西南。⑮寿陵：按《史记正义》说，此寿陵当在当时河东郡界内。⑯黾阸之塞：即今河南省信阳市南平靖关。⑰许：即许昌，在今河南省许昌市东。鄢陵：在今河南省鄢陵县西北。⑱陈：即陈县，治所即今河南省淮阳县。⑲朝歌：即今河南省淇县。⑳濮阳：在今河南省濮阳县西南。㉑野王：即今河南省沁阳县。㉒邺：邺县，今河北省临漳县西南邺镇。㉓垣：垣邑，

在今山西省垣曲县东南。蒲：蒲邑，在今山西省隰县北。㉔衍氏：在今河南省郑州市北。㉕嫪毐：战国末年秦国的宦官，受太后宠爱，权势极大。后因叛乱被杀。㉖萯阳宫：在今陕西省户县西南。㉗二十八宿：指角、亢、氐、房、心、尾、箕、斗、牛、女、虚、危、室、壁、奎、娄、胃、昴、毕、觜、参、井、鬼、柳、星、张、殿、轸，共二十八星。㉘镬：古时指无足的鼎，现今南方称为锅子。㉙狂悖：行为狂暴违背常理。㉚囊扑：用囊袋装人，加以扑杀。㉛质：通『锧』，古代杀人所用的椹垫。㉜娠：指怀胎。㉝百岁后：这里指死后。㉞无望：这里指不曾想望而忽然到来的事，也就是意料不到的事。㉟棘门：楚国都城寿春的城门名称。

十年　冬，十月，文信侯免相，出就国。

宗室大臣议曰：『诸侯人来仕者，皆为其主游间耳，请一切逐之。』于是大索，逐客。客卿楚人李斯亦在逐中，行，且上书曰：『昔穆公求士，西取由余于戎，东得百里奚于宛，迎蹇叔于宋，求丕豹、公孙支于晋，并国二十，遂霸西戎。孝公用商鞅之法，诸侯亲服，至今治强。惠王用张仪之计，散六国之从，使之事秦。昭王得范雎，强公室，杜私门。此四君者，皆以客之功。由此观之，客何负于秦哉！夫色、乐、珠、玉不产于秦而王服御者众，取人则不然，不问可否，不论曲直，非秦者去，为客者逐。是所重者在乎色、乐、珠、玉，而所轻者在乎人民也。臣闻太山不让土壤，故能成其大；河海不择细流，故能就其深；王者不却众庶，故能明其德。此五帝、三王之所以无敌也。今乃弃黔首以资敌国，①却宾客以业诸侯，所谓藉寇兵，②而赍盗粮者也。』王乃召李斯，复其官，除逐客之令。李斯至骊邑而还。王卒用李斯之谋，阴遣辩士赍金玉游说诸侯，诸侯名士可下以财者厚遗结之，不肯者利剑刺之，离其君臣之计，然后使良将随其后，数年之中，卒兼天下。

十一年　赵人伐燕，取狸阳。③兵未罢，将军王翦、桓齮、杨端和伐赵，攻邺，取九城。王翦攻阏与、橑阳，④桓齮取邺、安阳。

赵悼襄王薨，子幽缪王迁立。其母，倡也，嬖于悼襄王，悼襄王废嫡子嘉而立之。迁素以无行闻于国。

文信侯就国岁余，诸侯宾客使者相望于道，请之。王恐其为变，乃赐文信侯书曰：『君何功于秦，封君河南，食十万户？何亲于秦，号称仲父？其与家属徙处蜀！』文信侯自知稍侵，恐诛。

十二年　文信侯饮鸩死，[5]窃葬。其舍人临者，皆逐迁之。且曰：「自今以来，操国事不道如嫪毐、不韦者，籍其门，[6]视此！」

扬子《法言》曰：[7]或问：「吕不韦其智矣乎？以人易货。」曰：「谁谓不韦智者欤？以国易宗。吕不韦之盗，穿窬之雄乎！[8]穿窬也者，吾见担石矣，[9]未见雒阳也。」

自六月不雨，至于八月。

发四郡兵助魏伐楚。

【注释】

①黔首：战国及秦代对国民的称谓。②藉：借。赍盗粮：把粮食送给盗贼。③狸阳：在今河北省任丘县北。④阏与：在今山西省和顺县。橑阳：或称橑阿，治所在今山西省左权县。⑤鸩：毒酒。⑥籍：这里指籍没，即登记并没收所有的财产。⑦这里引用的扬雄《法言》语句，见《法言·渊骞篇》。⑧穿窬：指盗窃行为。按朱熹注《论语》说：穿，指穿壁；窬，指逾墙。⑨担石：常用来形容粟米为数有限。

十三年　桓齮伐赵，败赵将扈辄于平阳，[1]斩首十万，杀扈辄。赵王以李牧为大将军，复战于宜安、肥下，[2]秦师败绩，桓齮奔还。赵封李牧为武安君。

十四年　桓齮伐赵，取宜安、平阳、武城。[3]

韩王纳地效玺，请为藩臣，使韩非来聘。[4]韩非者，韩之诸公子也，善刑名法术之学，见韩之削弱，数以书干韩王，[5]王不能用。于是韩非疾治国不务求人任贤，反举浮淫之蠹而加之功实之上，[6]宽则宠名誉之人，急则用介胄之士，[7]所养非所用，所用非所养。悲廉直不容于邪枉之臣，观往者得失之变，作《孤愤》《五蠹》《内、外储》《说林》《说难》五十六篇，十余万言。

王闻其贤，欲见之。非为韩使于秦，因上书说王曰：「今秦地方数千里，师名百万，号令赏罚，天下不如。臣昧死愿望见大王，言所以破天下从之计。大王诚听臣说，一举而天下之从不破，赵不举，韩不亡，荆、魏不臣，齐、燕不亲，霸王之名不成，四邻诸侯不朝，大王斩臣以徇国，以戒为王谋不忠者也。」王悦之，未任用。李斯嫉之，曰：[8]「韩非，韩之诸公子也。今欲并诸侯，非终为韩不为秦，此人情也。今王不用，又留而归之，此自遗患也。不如以法诛之。」王以为然，下吏治非。李斯使人遗非药，令早自杀。韩非欲自陈，不得见。王后悔，使赦之，非已死矣。

扬子《法言》曰：或问：「韩非作《说难》之书而卒死乎说难，敢问何反也？」曰：「《说难》盖其所以死乎！」曰：「何也？」「君子以礼动，以义止，合则进，否则退，确乎不忧其不合也。夫说人而忧其不合，则亦无所不至矣。」或曰：「非忧说之不合，非邪？」曰：「说不由道，忧也。由道而不合，非忧也。」

臣光曰：臣闻君子亲其亲以及人之亲，爱其国以及人之国，是以功大名美而享有百福也。今非为秦画谋，而首欲覆其宗国，以售其言，罪固不容于死矣，乌足愍哉！[9]

十五年　王大兴师伐赵，一军抵邺，一军抵太原，取狼孟、番吾，遇李牧而还。

初，燕太子丹尝质于赵，与王善。王即位，丹为质于秦，王不礼焉。丹怒，亡归。

十六年　韩献南阳地。九月，发卒受地于韩。

魏人献地。

代地震，自乐徐以西，[10]北至平阴，[11]台屋墙垣太半坏，地坼东西百三十步。[12]

十七年　内史胜灭韩，[13]虏韩王安，以其地置颍川郡。[14]

华阳太后薨。

赵大饥。

卫元君薨，子角立。

十八年　王翦将上地兵下井陉，端和将河内兵共伐赵。赵李牧、司马尚御之。秦人多与赵王嬖臣郭开金，使毁牧及尚，言其欲反。赵王使赵葱及齐将颜聚代之。李牧不受命，赵人捕而杀之；废司马尚。

十九年　王翦击赵军，大破之，杀赵葱，颜聚亡，遂克邯郸，虏赵王迁。王如邯郸，故与母家有仇怨者皆杀之。还，从太原、上郡归。

太后薨。

王翦屯中山以临燕。赵公子嘉帅其宗族百人奔代，自立为代王，赵之亡，大夫稍稍归之，与燕合兵，军上谷。

楚幽王薨，国人立其弟郝。三月，郝庶兄负刍杀之，自立。

魏景湣王薨，子假立。

燕太子丹怨王，欲报之，以问其傅鞠武。鞠武请西约三晋，南连齐、楚，北媾匈奴以图秦。⑮太子曰：『太傅之计，旷日弥久，令人心惛然，恐不能须也。』顷之，将军樊於期得罪，亡之燕；太子受而舍之。鞠武谏曰：『夫以秦王之暴而积怒于燕，足为寒心，又况闻樊将军之所在乎！是谓委肉当饿虎之蹊也。愿太子疾遣樊将军入匈奴。』太子曰：『樊将军穷困于天下，归身于丹，是固丹命卒之时也，愿更虑之！』鞠武曰：『夫行危以求安，造祸以为福，计浅而怨深，乃连结一人之后交，不顾国家之大害，所谓资怨而助祸矣！』太子不听。

太子闻卫人荆轲之贤，卑辞厚礼而请见之。谓轲曰：『今秦已虏韩王，又举兵南伐楚，北临赵。赵不能支秦，则祸必至于燕。燕小弱，数困于兵，何足以当秦！诸侯服秦，莫敢合从。丹之私计愚，以为诚得天下之勇士使于秦，劫秦王，使悉反诸侯侵地，若曹沫之与齐桓公，则大善矣；则不可，因而刺杀之，彼大将擅兵于外而内有乱，则君臣相疑，以其间，诸侯得合从，其破秦必矣。唯荆卿留意焉！』荆轲许之。于是舍荆卿于上舍，太子日造门下，所以奉养荆轲，无所不至。及王翦灭赵，太子闻之惧，欲遣荆轲行。荆轲曰：『今行而无信，则秦未可亲也。诚得樊将军首与燕督亢之地图，⑯奉献秦王，秦王必说见臣，臣乃有以报。』太子曰：『樊将军穷困来归丹，丹不忍也！』荆轲乃私见樊於期曰：『秦之遇将军，可谓深矣，父母宗族皆为戮没！今闻购将军首，金千斤，邑万家，将奈何？』於期太息流涕曰：『计将安出？』荆卿曰：『愿得将军之首以献秦王，秦王必喜而见臣，臣左手把其袖，右手揕其胸，⑰则将军之仇报而燕见陵之愧除矣！』樊於期曰：『此臣之日夜切齿腐心也！』遂自刎。太子闻之，奔往伏哭，然已无奈何，遂以函盛其首。⑱太子豫求天下之利匕首，使工以药焠之，⑲以试人，血濡缕，⑳人无不立死者。乃装为遣荆轲，以燕勇士秦舞阳为之副，使入秦。

【注释】

①平阳：在今山西省临汾市西南金殿。②宜安：在今河北省藁城县西南。肥下：在今河北省藁城县西南。③武城：在今河北省磁县西南。④聘：古代国与国之间派遣使者访问。⑤干：求请任用。⑥蠹：这里指耗费国家财物的

人。⑦介胄之士：指披甲戴盔的将士。⑧这里引用扬子《法言》语句，见扬雄所著《法言·问明篇》。⑨愍：哀怜，怜悯。⑩乐徐：在今河北省易县西南。⑪平阴：在今山西省阳高县东南。⑫坼：分裂，裂开。步：长度单位，历代标准不一致，周代以八尺为一步，秦代以六尺为一步，旧制以营造尺五尺为一步。⑬内史：官名。掌管京畿地方。⑭颍川郡：即今河南省禹县。⑮媾：交好，交合。⑯督亢：在今河北省涿县东南，跨有涿县、固安、新城等县界。中有督亢陂，周边五十余里，支渠四通，富灌溉之利，战国时燕富饶地带。⑰揕：刺。⑱函：匣子。⑲焠：浸染。⑳濡：沾染。

秦始皇帝下

二十年　荆轲至咸阳，因王宠臣蒙嘉卑辞以求见，王大喜，朝服，设九宾而见之。[1]荆轲奉图以进于王，图穷而匕首见，因把王袖而揕之；未至身，王惊起，袖绝。荆轲逐王，王环柱而走。群臣皆愕，卒起不意，尽失其度。而秦法，群臣侍殿上者不得操尺寸之兵，左右以手共搏之，且曰：『王负剑！』负剑，王遂拔以击荆轲，断其左股。荆轲废，乃引匕首擿王，[2]中铜柱。自知事不就，骂曰：『事所以不成者，以欲生劫之，必得约契以报太子也！』遂体解荆轲以徇。[3]王于是大怒，益发兵诣赵，就王翦以伐燕，与燕师、代师战于易水之西，大破之。

二十一年　冬，十月，王翦拔蓟，燕王及太子率其精兵东保辽东，李信急追之。代王嘉遗燕王书，令杀太子丹以献。丹匿衍水中，[4]燕王使使斩丹，欲以献王，王复进兵攻之。

王贲伐楚，取十余城。王问于将军李信曰：『吾欲取荆，于将军度用几何人而足？』李信曰：『不过用二十万。』王以问王翦，王翦曰：『非六十万人不可。』王曰：『王将军老矣，何怯也！』遂使李信、蒙恬将二十万人伐楚；王翦因谢病归频阳。[5]

二十二年　王贲伐魏，引河沟以灌大梁。三月，城坏。魏王假降，杀之，遂灭魏。

王使人谓安陵君曰：『寡人欲以五百里地易安陵。』安陵君曰：『大王加惠，以大易小，甚幸。虽然，臣受地于魏之先王，愿终守之，弗敢易。』王义而许之。

李信攻平舆，[6]蒙恬攻寝，[7]大破楚军。信又攻鄢郢，破之，于是引兵而西，与蒙恬会城父，[8]楚人因随之，三日三夜不顿舍，大败李信，入两壁，杀七都尉；李信奔还。

王闻之，大怒，自至频阳谢王翦曰：『寡人不用将军谋，李信果辱秦军。将军虽病，独忍弃寡人乎！』王翦谢病不能将，王曰：『已矣，勿复言！』王翦曰：『必不得已用臣，非六十万人不可！』王曰：『为听将军计耳。』于是王翦将六十万人伐楚。王送至霸上，[9]王翦请美田宅甚众。王曰：『将军行矣，何忧贫乎！』王翦曰：『为大王将，有功，终不得封侯，故及大王之向臣，以请田宅为子孙业耳。』王大笑。王翦既行，至关，使使还请善田者五辈。或曰：『将军之乞贷亦已甚矣！』王翦曰：『不然。王怚中而不信人，今空国中之甲士而专委于我，我不多请田宅为子孙业以自坚，顾令王坐而疑我矣。」

二十三年　王翦取陈以南至平舆。楚人闻王翦益军而来，乃悉国中兵以御之；王翦坚壁不与战。楚人数挑战，终不出。王翦日休士洗沐，而善饮食，抚循之；[10]亲与士卒同食。久之，王翦使人问：『军中戏乎？』对曰：『方投石、超距。』[11]王翦曰：『可用矣！』楚既不得战，乃引而东。王翦追之，令壮士击，大破楚师，至蕲南，杀其将军项燕，楚师遂败走。王翦因乘胜略定城邑。

二十四年　王翦、蒙武虏楚王负刍，以其地置楚郡。

二十五年　大兴兵，使王贲攻辽东，虏燕王喜。

臣光曰：燕丹不胜一朝之忿以犯虎狼之秦，轻虑浅谋，挑怨速祸，使召公之庙不祀忽诸，[12]罪孰大焉！而论者或谓之贤，岂不过哉！

夫为国家者，任官以才，立政以礼，怀民以仁，交邻以信。是以官得其人，政得其节，百姓怀其德，四邻亲其义。夫如是，则国家安如磐石，炽如焱火。[13]触之者碎，犯之者焦，虽有强暴之国，尚何足畏哉！丹释此不为，顾以万乘之国，决匹夫之怒，逞盗贼之谋，功隳身戮，社稷为墟，不亦悲哉！

夫其膝行、蒲伏，[14]非恭也；复言、重诺，[15]非信也；糜金、散玉，非惠也；刎首、决腹，非勇也。要之，谋不远而动不义，其楚白公胜之流乎！[16]

荆轲怀其豢养之私，不顾七族，欲以尺八匕首强燕而弱秦，不亦愚乎！故扬子论之，以要离为蛛蝥之靡，[17]聂政为壮士之靡，荆轲为刺客之靡，皆不可谓之义。又曰：『荆轲，君子盗诸！』善哉！

王贲攻代，虏代王嘉。

王翦悉定荆江南地，降百越之君，置会稽郡。

五月，天下大酺。

初，齐君王后贤，事秦谨，与诸侯信；齐亦东边海上。秦日夜攻三晋、燕、楚，五国各自救，以故齐王建立四十余年不受兵。及君王后且死，戒王建曰：『群臣之可用者某。』王曰：『请书之。』君王后曰：『善！』王取笔牍受言，君王后曰：『老妇已忘矣。』君王后死，后胜相齐，多受秦间金。宾客入秦，秦又多与金。客皆为反间，劝王朝秦，不修攻战之备，不助五国攻秦，秦以故得灭五国。

齐王将入朝，雍门司马前曰：⑱『所为立王者，为社稷耶，为王耶？』王曰：『为社稷。』司马曰：『为社稷立王，王何以去社稷而入秦？』齐王还车而反。

即墨大夫闻之，见齐王曰：『齐地方四千里，带甲数百万。夫三晋大夫皆不便秦，而在阿、鄄之间者百数；王收而与之百万人之众，使收三晋之故地，即临晋之关可以入矣。⑲鄢郢大夫不欲为秦，而在城南下者百数，王收而与之百万之师，使收楚故地，即武关可以入矣。如此，则齐威可立，秦国可亡，岂特保其国家而已哉！』齐王不听。

二十六年 王贲自燕南攻齐，猝入临淄，民莫敢格者。秦使人诱齐王，约封以五百里之地。齐王遂降，秦迁之共，⑳处之松柏之间，饿而死。齐人怨王建不早与诸侯合从，听奸人宾客以亡其国，歌之曰：『松耶，柏耶，住建共者客耶！』疾建用客之不详也。㉑

臣光曰：从衡之说虽反覆百端，然大要合从者，六国之利也。昔先王建万国，亲诸侯，使之朝聘以相交，飨宴以相乐，会盟以相结者，无他，欲其同心戮力以保国家也。㉒向使六国能以信义相亲，㉔则秦虽强暴，安得而亡之哉！夫三晋者，齐、楚之藩蔽；齐、楚者，三晋之根柢；形势相资，表里相依。故以三晋而攻齐、楚，自绝其根柢也；以齐、楚而攻三晋，自撤其藩蔽也。安有撤其藩蔽以媚盗，曰『盗将爱我而不攻』，岂不悖哉！

【注释】

①九宾：设置文物齐备，以宾客之礼相迎。②擿：同掷。③体解：肢解。④衍水：衍水在辽东。⑤频阳：在今陕西省富平县东北的美原镇西南。⑥平舆：在今河南省平舆县北。⑦寝：寝邑，在今安徽省临泉县。⑧城父：城父邑，在今河南省宝丰县东。⑨霸上：在今陕西省西安市东白鹿原北首。⑩抚循：抚慰，安抚。⑪超距：即跳跃。⑫不祀忽诸：忽然不祭祀，即宗庙忽然绝止祭祀，也就是亡国。⑬焱：火花。⑭膝行：跪着前进，表示畏服。蒲伏：同『匍匐』，伏地用手行走。⑮复言：出言必信，而可复言。⑯白公胜：春秋时楚国大夫，名胜，楚平王之孙。⑰要离：春秋末年吴国人。蝥：或作『蟊』，吃禾根的害虫。靡：披靡而死。⑱雍门：齐国城门名。⑲临晋之关：在今陕西省大荔县朝邑镇东黄河上。⑳共：共县，在今河南省辉县。㉑不详：不详审。㉒勠力：努力，尽力。㉓向使：

假使，当初。

王初并天下，自以为德兼三皇，①功过五帝，②乃更号曰『皇帝』，命为『制』，令为『诏』，自称曰『朕』。③追尊庄襄王为太上皇。制曰：『死而以行为谥，则是子议父，臣议君也，甚无谓。自今以来，除谥法。朕为始皇帝，后世以计数，二世、三世至于万世，传之无穷。』

初，齐威、宣之时，邹衍论著终始五德之运；④及始皇并天下，齐人奏之。始皇采用其说，以为周得火德，秦代周，从所不胜，为水德。始改年，朝贺皆自十月朔；衣服、旌旄、节旗皆尚黑，⑤数以六为纪。

丞相绾等言：『燕、齐、荆地远，不为置王，无以镇之。请立诸子。』始皇下其议。廷尉斯曰：⑥『周文、武所封子弟同姓甚众，然后属疏远，相攻击如仇雠，周天子弗能禁止。今海内赖陛下神灵一统，皆为郡、县，诸子功臣以公赋税重赏赐之，甚足易制，天下无异意，则安宁之术也。置诸侯不便。』始皇曰：『天下共苦战斗不休，以有侯王。赖宗庙，天下初定，又复立国，是树兵也；而求其宁息，岂不难哉！廷尉议是。』

分天下为三十六郡，⑦郡置守、尉、监。

收天下兵聚咸阳，销以为锺鐻、⑧金人十二，重各千石，置宫廷中。一法度、衡、石、丈尺。⑨徙天下豪杰于咸阳十二万户。

诸庙及章台、上林皆在渭南。每破诸侯，写放其宫室，作之咸阳北阪上，南临渭，自雍门以东至泾、渭，殿屋、复道、周阁相属，⑩所得诸侯美人、钟鼓以充入之。

【注释】

①三皇：传说中的古代帝王。②五帝：传说中的上古帝王。③朕：古人自称朕，从秦始皇帝后专用为皇帝自称。④终始五德之运：这是以金、木、水、火、土五德相生相克循环不已附会历史的说法。⑤旌旄：古代的一种旗。⑥廷尉：秦官名，掌管刑狱。⑦三十六郡：据裴骃说，三十六郡为：三川、河东、南阳、南郡、九江、鄣郡、会稽、颍川、砀郡、泗水、薛郡、东郡、琅邪、齐郡、上谷、渔阳、右北平、辽西、辽东、代郡、巨鹿、邯郸、上党、太原、云中、九原、雁门、上郡、陇西、北地、汉中、巴郡、蜀郡、黔中、长沙、内史。⑧鐻：本作『虡』，古代悬架钟

鼓的架子。⑨石：古代重量单位，一百二十市斤为一石。⑩复道：高楼间或山岩险要处架空的通道。按裴骃说，上下有道，故谓之复道。

二十七年 始皇巡陇西、北地，至鸡头山，①过回中焉。②作信宫渭南，已，更命曰极庙。③自极庙道通骊山，作甘泉前殿，筑甬道自咸阳属之，④治驰道于天下。

二十八年 始皇东行郡、县，上邹峄山，⑤立石颂功业。于是召集鲁儒生七十人，至泰山下，议封禅。⑥诸儒或曰：『古者封禅，为蒲车，恶伤山之土石、草木；扫地而祭，席因菹稭。』⑦议各乖异。始皇以其难施用，由此绌儒生。而遂除车道，上自太山阳至颠，立石颂德；从阴道下，禅于梁父。其礼颇采太祝之祀雍上帝所用，⑧而封藏皆秘之，世不得而记也。

于是始皇遂东游海上，行礼祠名山、大川及八神。⑨始皇南登琅邪，大乐之，留三月，作琅邪台，立石颂德，明得意。

初，燕人宋毋忌、⑩羡门子高之徒称有仙道、形解销化之术，燕、齐迂怪之士皆争传习之。自齐威王、宣王、燕昭王皆信其言，使人入海求蓬莱、方丈、瀛洲，云此三神山在勃海中，去人不远。患且至，则风引舡去。尝有至者，诸仙人及不死之药皆在焉。及始皇至海上，诸方士齐人徐市等争上书言之，请得齐戒与童男女求之。⑪于是遣徐市发童男女数千人入海求之。舡交海中，皆以风解，曰：『未能至，望见之焉。』

始皇还，过彭城，斋戒祷祠，欲出周鼎泗水，⑫使千人没水求之，弗得。乃西南渡淮水，之衡山、南郡。浮江至湘山祠，逢大风，几不能渡。上问博士曰：『湘君何神？』对曰：『闻之：尧女，舜之妻，葬此。』始皇大怒，使刑徒三千人皆伐湘山树，赭其山。⑬遂自南郡由关武归。

初，韩人张良，其父、祖以上五世相韩。及韩亡，良散千金之产，欲为韩报仇。

二十九年 始皇东游，至阳武博浪沙中，⑭张良令力士操铁椎狙击始皇，⑮误中副车。⑯始皇惊，求，弗得；令天下大索十日。

始皇遂登之罘，刻石；旋，之琅邪，道上党入。

三十一年 使黔首自实田。⑰

三十二年 始皇之碣石，使燕人卢生求羡门，刻碣石门。⑱坏城郭，决通堤坊。始皇巡北边，从上郡入。卢生使入海还，因奏《录图书》曰：『亡秦者胡也。』始皇乃遣将军蒙恬发兵三十万人，北伐匈奴。

三十三年 发诸尝逋亡人、赘婿、贾人为兵，⑲略取南越陆梁地，置桂林、南海、象郡；⑳以谪徙民五十万人戍五岭，㉑与越杂处。

蒙恬斥逐匈奴，收河南地为四十四县。筑长城，因地形，用制险塞。起临洮至辽东，延袤万余里。㉒于是渡河，据阳山，㉓逶迤而北。暴师于外十余年。蒙恬常居上郡统治之，威震匈奴。

三十四年 谪治狱吏不直及覆狱故、失者，㉔筑长城及处南越地。

丞相李斯上书曰：『异时诸侯并争，厚招游学。今天下已定，法令出一，百姓当家则力农工，士则学习法令。今诸生不师今而学古，以非当世，惑乱黔首，相与非法教。人闻令下，则各以其学议之，入则心非，出则巷议，夸主以为名，异趣以为高，率群下以造谤。如此弗禁，则主势降乎上，党与成乎下。禁之便！臣请史官非秦记皆烧之；非博士官所职，天下有藏《诗》、《书》、百家语者，皆诣守、尉杂烧之。有敢偶语《诗》、《书》，弃市；以古非今者族；吏见知不举，与同罪。令下三十日，不烧，黥为城旦。㉕所不去者，医药、卜筮、种树之书。若欲有学法令，以吏为师。』制曰：『可。』

魏人陈余谓孔鲋曰：『秦将灭先王之籍，而子为书籍之主，其危哉！』子鱼曰：『吾为无用之学，知吾者惟友。秦非吾友，吾何危哉！吾将藏之以待其求；求至，无患矣。』

【注释】

①鸡头山：在今宁夏隆德县东。②回中：在今陕西省陇县西北。③极庙：宫庙像天极，故名极庙。④甬道：两旁有墙的驰道或通道。⑤邹峄山：在今山东省邹县东南。⑥封禅：战国时齐鲁地方有些儒生认为五岳中泰山最高，帝王应到泰山祭祀。⑦菹：一种水草。秸：农作物的茎杆。⑧太祝：秦代的奉常官有属官雍太祝令、丞，主管雍地祭祀上帝礼仪。⑨八神：按《封禅书》记载，八神一为天主，祠天齐渊水；二为地主，祠太山、梁父；三为兵主，祠祠蚩尤；四为阴主，祠三山；五为阳主，祠之罘山；六为月主，祠之莱山；七为日主，祠成山；八为四时主，祠琅邪。⑩宋毋忌：古代一种传说认为他是火仙。羡门子高：古代一种传说认为他是仙人。形解：指人老而解去身

上原有的骨骼，如销解化去。⑪齐戒：即斋戒。⑫周鼎：周朝的宝鼎。⑬赭：红色。⑭阳武：在今河南省原阳县东南。博浪沙：在今河南省原阳县东南。⑮狙击：暗中埋伏，乘机袭击。⑯副车：跟在天子所乘车后面的车称为副车。⑰黔首自实田：即百姓占有的土地数向政府报告，也就是政府承认私自拥有的土地。⑱碣石：今辽宁省绥中县东南的姜女坟。⑲赘婿：秦代壮男到女家就婚的称为赘婿。⑳桂林：在今广西桂平县西南古城。南海：即今广东省广州市。象郡：在今广西临尘县，即广西崇左县。㉑谪：古代官吏有罪而被降职或流放为谪，判往边险地方充防守的则称谪戍。㉒袤：这里指的是东西横长。㉓阳山：即今内蒙古狼山。㉔覆狱故、失者：指狱吏覆审已判决的罪故意改换正确判决或覆审有失误的。㉕黥：古代的一种肉刑，即墨刑的异称。就是用刀刺刻额颊等处，再涂上墨。城旦：按《律》为四年刑期。

三十五年 使蒙恬除直道，[1]道九原，抵云阳，堑山堙谷千八百里，[2]数年不就。

始皇以为咸阳人多，先王之宫廷小，乃营作朝宫渭南上林苑中，先作前殿阿房，[3]东西五百步，南北五十丈，上可以坐万人，下可以建五丈旗，周驰为阁道，自殿下直抵南山，表南山之颠以为阙。为複道，自阿房渡渭，属之咸阳，以象天极阁道、绝汉抵营室也。[4]隐宫、徒刑者七十余万人，[5]乃分作阿房宫或作骊山。[6]发北山石椁，[7]写蜀、荆地材，皆至；关中计宫三百，关外四百余。于是立石东海上朐界中，[8]以为秦东门。因徙三万家骊邑，五万家云阳，皆复不事十岁。

卢生说始皇曰：「方中：人主时为微行以辟恶鬼。恶鬼辟，真人至。愿上所居宫毋令人知，然后不死之药殆可得也。」始皇曰：「吾慕真人。」自谓「真人」，不称「朕」。乃令咸阳之旁二百里内宫观二百七十，[9]複道、甬道相连，帷帐、钟鼓、美人充之，各案署不移徙。行所幸，有言其处者，罪死。始皇幸梁山宫，从山上见丞相车骑众，弗善也。中人或告丞相，丞相后损车骑。始皇怒曰：「此中人泄吾语！」案问，莫服，捕时在旁者，尽杀之。自是后，莫知行之所在。群臣受决事者，悉于咸阳宫。

侯生、卢生相与讥议始皇，因亡去。始皇闻之，大怒曰：「卢生等，吾尊赐之甚厚，今乃诽谤我！诸生在咸阳者，吾使人廉问，[10]或为妖言以乱黔首。」于是御史悉案问诸生。诸生传相告引，[11]乃自除犯禁者四百六十余人，皆坑之咸阳，使天下知之，以惩后。益发谪徙边。始皇长子扶苏谏曰：『诸生皆诵法孔子。今上皆重法绳之，臣恐天下不安。』始皇怒，使扶苏北监蒙恬军于上郡。

三十六年　有陨石于东郡。或刻其石曰：『始皇死而地分。』始后使御史逐问，莫服；尽取石旁居人诛之，燔其石。

迁河北榆中三万家；[12]赐爵一级。

三十七年　冬，十月，癸丑，始皇出游；左丞相斯从，右丞相去疾守。始皇二十余子，少子胡亥最爱，请从；上许之。

十一月，行至云梦，[13]望祀虞舜于九疑山。[14]浮江下，观藉柯，渡海渚，过丹阳，[15]至钱塘，临浙江。水波恶，乃西百二十里，从陕中渡。上会稽，祭大禹，望于南海；立石颂德。还，过吴，从江乘渡。并海上，北至琅邪、罘。见巨鱼，射杀之。遂并海西，至平原津而病。

始皇恶言死，群臣莫敢言死事。病益甚，乃令中军府令行符玺事赵高为书赐扶苏曰：『与丧，会咸阳而葬。』书已封，在赵高所，未付使者。秋，七月，丙寅，始皇崩于沙丘平台。[16]丞相斯为上崩在外，恐诸公子及天下有变，乃秘之不发丧，棺载辒凉车中，[17]故幸宦者骖乘。所至，上食、百官奏事如故，宦者辄从车中可其奏事。独胡亥、赵高及幸宦者五六人知之。

初，始皇尊宠蒙氏，信任之。蒙恬任在外将，蒙毅常居中参谋议，名为忠信，故虽诸将相莫敢与之争。赵高者，生而隐宫，始皇闻其强力，通于狱法，举以为中车府令，使教胡亥决狱，胡亥幸之。赵高有罪，始皇使蒙毅治之；毅当高法应死。始皇以高敏于事，赦之，复其官。赵高既雅得幸于胡亥，又怨蒙氏，乃说胡亥，请诈以始皇命诛扶苏而立胡亥为太子。胡亥然其计。赵高曰：『不与丞相谋，恐事不能成。』乃见丞相斯曰：『上赐长子书及符玺，皆在胡亥所。定太子，在君侯与高之口耳。事将何如？』斯曰：『安得亡国之言！此非人臣所当议也！』高曰：『君侯材能、谋虑、功高、无怨、长子信之，此五者皆孰与蒙恬？』斯曰：『不及也。』高曰：『然则长子即位，必用蒙恬为丞相，君侯终不怀通侯之印归乡里明矣！[18]胡亥慈仁笃厚，可以为嗣。愿君审计而定之！』丞相斯以为然，乃相与谋，诈为受始皇诏，立胡亥为太子。更为书赐扶苏，数以不能辟地立功，士卒多耗，反数上书，直言诽谤，日夜怨望不得罢归为太子，将军恬不矫正，知其谋，皆赐死，以兵属裨将王离。

扶苏发书，泣，入内舍，欲自杀。蒙恬曰：『陛下居外，未立太子；使臣将三十万众守边，公子为监，此天下重任也。

今一使者来，即自杀，安知其非诈！复请而后死，未暮也。』使者数趣之。⑲扶苏谓蒙恬曰：『父赐子死，尚安复请！』即自杀。蒙恬不肯死，使者以属吏，系诸阳周。⑳更置李斯舍人为护军，还报。胡亥已闻扶苏死，即欲释蒙恬。会蒙毅为始皇出祷山川，还至。赵高言于胡亥曰：『先帝欲举贤立太子久矣，而毅谏以为不可，不若诛之！』乃系诸代。

遂从井陉抵九原。会暑，辒车臭，乃诏从官令车载一石鲍鱼以乱之。从直道至咸阳，发丧。太子胡亥袭位。

九月，葬始皇于骊山，下锢三泉㉑；奇器珍怪，徙藏满之。令匠作机弩，有穿近者辄射之。以水银为百川、江河、大海，机相灌输。上具天文，下具地理。后宫无子者，皆令从死。葬既已下，或言工匠为机藏，皆知之，藏重即泄。大事尽，闭之墓中。

二世欲诛蒙恬兄弟。二世兄子子婴谏曰：『赵王迁杀李牧而用颜聚，齐王建杀其故世忠臣而用后胜，卒皆亡国。蒙氏，秦之大臣谋士也，而陛下欲一旦弃去之。诛杀忠臣而立无节行之人，是内使群臣不相信，而外使斗士之意离也。』二世弗听，遂杀蒙毅及内史恬。恬曰：『自吾先人及至子孙，积功信于秦三世矣。今臣将兵三十余万，身虽囚系，其势足以倍畔。然自知必死而守义者，不敢辱先人之教，以不忘先帝也。』乃吞药自杀。

扬子《法言》曰：或问：『蒙恬忠而被诛，忠奚可为也？』曰：『堑山，堙谷，起临洮，击辽水，力不足而尸有余，忠不足相也。』

臣光曰：秦始皇方毒天下而蒙恬为之使，恬不仁不知矣。然恬明于为人臣之义，虽无罪见诛，能守死不贰，斯亦足称也。

【注释】

①除：修治。②堑：挖掘。堙：填塞。③阿房：在今陕西省西安市南阿房村、古城村、朐家庄一带。④天极：北极星。阁道：星名，属奎宿，共有六星。汉：天汉，即银河，或称天河。营室：星名，最早包含营、壁两宿，后专指『营宿』。⑤隐宫：判处宫刑的人。徒刑：有罪既加刑又罚劳役称为徒刑。⑥骊山：这里指作骊山始皇的陵墓。⑦北山：指今陕西省关中平原北部诸山。椁：棺外的套棺。⑧朐：即今江苏省连云港市西南锦屏山。⑨观：楼台。⑩廉问：察问。⑪传相告引：互相揭发，依次牵连。⑫河北：这里指战国时齐国境内黄河以北，即今河北省东光、盐山及山东宁津、东陵等县一带地方。⑬云梦：在今湖北省江陵县以东的江、汉之间监利、潜江等县一带。⑭望祀：古代，天子巡狩

所至，对山川之神依次序望祭。九疑山：在今湖南省宁远县南。⑮丹阳：在今安徽省当涂县东北小丹阳。⑯沙丘：在今河北省广宗县西北大平台。⑰辒凉车：古代的卧车。⑱通侯：汉代称为彻侯，是秦代二十等爵位中的最高一级爵，后又称为列侯。⑲趣：催促。⑳阳周：在今甘肃省正宁县（山河镇）西南旧正宁。㉑锢：这里是指以铜熔液填塞空隙。三泉：相对九泉而言，是说三重之泉，也就是到了地下有水的深处。

汉纪

太祖高皇帝上之上

元年 冬，十月，沛公至霸上。秦王子婴素车、白马，[1]系颈以组，[2]封皇帝玺、符、节，[3]降轵道旁。[4]诸将或言诛秦王。沛公曰：『始怀王遣我，固以能宽容。且人已降，杀之不祥。』乃以属吏。[5]

贾谊论曰：秦以区区之地致万乘之权，招八州而朝同列，[6]百有余年，然后以六合为家，[7]殽、函为宫。一夫作难而七庙堕，[8]身死人手，为天下笑者，何也？仁谊不施而攻守之势异也。

沛公西入咸阳，诸将皆争走金帛财物之府分之。萧何独先入收秦丞相府图籍藏之，以此沛公得具知天下阨塞、户口多少、强弱之处。沛公见秦宫室、帷帐、狗马、重宝、妇女以千数，意欲留居之。樊哙谏曰：『沛公欲有天下耶，将为富家翁耶？凡此奢丽之物，皆秦所以亡也，沛公何用焉！愿急还霸上，无留宫中！』沛公不听。张良曰：『秦为无道，故沛公得至此。夫为天下除残贼，宜缟素为资。[9]今始入秦，即安其乐，此所谓「助桀为虐」。且忠言逆耳利于行，毒药苦口利于病，[10]愿沛公听樊哙言！』沛公乃还军霸上。

十一月，沛公悉召诸县父老、豪杰，谓曰：『父老苦秦苛法久矣！吾与诸侯约，先入关者王之，吾当王关中。与父老约法三章耳：杀人者死，伤人及盗抵罪。余悉除去秦法，诸吏民皆案堵如故。[11]凡吾所以来，为父老除害，非有所侵暴，无恐。且吾所以还军霸上，待诸侯至而定约束耳。』乃使人与秦吏行县、乡、邑，告谕之。秦民大喜，争持牛、羊、酒食献飨军士。沛公又让不受，曰：『仓粟多，非乏，不欲费民。』民又益喜，惟恐沛公不为秦王。

项羽既定河北，率诸侯兵欲西入关。先是，诸侯吏卒、繇使、屯戍过秦中者，秦中吏卒遇之多无状。及章邯以秦军降诸侯，诸侯吏卒乘胜多奴虏使之，轻折辱秦吏卒。秦吏卒多怨，窃言曰：『章将军等诈吾属降诸侯。今能入关破秦，大善；即不能，诸侯虏吾属而东，秦又尽诛吾父母妻子，奈何？』诸将微闻其计，以告项羽。项羽召黥布、蒲将军计曰：『秦吏卒尚众，其心不服，至关不听，事必危。不如击杀之，而独与章邯、长史欣、都尉翳入秦。』于是楚军夜击坑秦卒二十余万人新安城南。

或说沛公曰：『秦富十倍天下，地形强。闻项羽号章邯为雍王，王关中，今则来，沛公恐不得有此。可急使兵守函谷关，无内诸侯军；稍征关中兵以自益，距之。』沛公然其计，从之。

已而项羽至关，关门闭。闻沛公已定关中，大怒，使黥布等攻破函谷关。十二月，项羽进至戏。[12]沛公左司马曹无伤使人言项羽曰：『沛公欲王关中，令子婴为相，珍宝尽有之。』欲以求封。项羽大怒，飨士卒，期旦日击沛公军。当是时，项羽兵四十万，号百万，在新丰鸿门；[13]沛公兵十万，号二十万，在霸上。

范增说项羽曰：『沛公居山东时，贪财好色。今入关，财物无所取，妇女无所幸，此其志不在小。吾令人望其气，皆为龙虎，成五采，此天子气也。急击勿失！』

楚左尹项伯者，[14]项羽季父也，素善张良，乃夜驰之沛公军，私见张良，具告以事，欲呼与俱去，曰：『毋俱死也！』张良曰：『臣为韩王送沛公。沛公今有急，亡去不义，不可不语。』良乃入，具告沛公。沛公大惊。良曰：『料公士卒足以当项羽乎？』沛公默然曰：『固不如也。且为之奈何？』张良曰：『请往谓项伯，言沛公之不敢叛也。』沛公曰：『君安与项伯有故？』张良曰：『秦时与臣游，尝杀人，臣活之。今事有急，故幸来告良。』沛公曰：『孰与君少长？』良曰：『长于臣。』沛公曰：『君为我呼入，吾得兄事之。』张良出，固要项伯；[15]项伯即入见沛公。沛公奉卮酒为寿，[16]约为婚姻，曰：『吾入关，秋毫不敢有所近，[17]籍吏民，封府库而待将军。所以遣将守关者，备他盗之出入与非常也。日夜望将军至，岂敢反乎！愿伯具言臣之不敢倍德也。』项伯许诺，谓沛公曰：『旦日不可不蚤自来谢。』沛公曰：『诺。』于是项伯复夜去，至军中，具以沛公言报项羽，因言曰：『沛公不先破关中，公岂敢入乎！今人有大功而击之，不义也。不如因善遇之。』项羽许诺。

沛公旦日从百余骑来见项羽鸿门，谢曰：『臣与将军戮力而攻秦，将军战河北，臣战河南。然不自意能先入关破秦，得复见将军于此。今者有小人之言，令将军与臣有隙。』项羽曰：『此沛公左司马曹无伤言之，不然，籍何以至此！』项羽因留沛公与饮。范增数目项羽，举所佩玉玦以示之者三。[18]项羽默然不应。范增起，出，召项庄，谓曰：『君王为人不忍。若入前为寿，寿毕，以剑舞，因击沛公于坐，杀之。不者，[19]若属皆且为所虏！』庄则入为寿，寿毕，曰：『军中无以为乐，请以剑舞。』项羽曰：『诺。』项庄拔剑起舞。项伯亦拔剑起舞，常以身翼蔽沛公，庄不得击。

于是张良至军门见樊哙。哙曰：『今日之事何如？』良曰：『今项庄拔剑舞，其意常在沛公也。』哙曰：『此迫矣，臣请入，与之同命！』哙即带剑拥盾入。军门卫士欲止不内，樊哙侧其盾以撞，卫士仆地。遂入，披帷立，嗔目视项羽，头发上指，目眦尽裂。项羽按剑而跽曰：[20]『客何为者？』张良曰：『沛公之参乘樊哙也。』项羽曰：『壮士！赐之卮酒！』

则与斗卮酒。哙拜谢，起，立而饮之。项羽曰：『赐之彘肩！』㉑则与一生彘肩。樊哙覆其盾于地，加彘肩其上，拔剑切而啖之。项羽曰：『壮士能复饮乎？』樊哙曰：『臣死且不避，卮酒安足辞！夫秦有虎狼之心，杀人如不能举，刑人如恐不胜；天下皆叛之。怀王与诸将约曰：「先破秦入咸阳者，王之。」今沛公先破秦入咸阳，豪毛不敢有所近，还军霸上以待将军。劳苦而功高如此，未有封爵之赏，而听细人之说，欲诛有功之人，此亡秦之续耳，窃为将军不取也！』项羽未有以应，曰：『坐！』樊哙从良坐。

坐须臾，沛公起如厕，因招樊哙出。公曰：『今者出，未辞也，为之奈何？』樊哙曰：『如今人方为刀俎，我方为鱼肉，何辞为！』于是遂去。鸿门去霸上四十里，沛公则置车骑，脱身独骑；樊哙、夏侯婴、靳强、纪信等四人持剑、盾步走，从骊山下道芷阳，㉒间行趣霸上。留张良使谢项羽，以白璧献羽，玉斗与亚父。沛公谓良曰：『从此道至吾军，不过二十里耳。度我至军中，公乃入。』沛公已去，间至军中，张良入谢曰：『沛公不胜桮杓，㉓不能辞，谨使臣良奉白璧一双，再拜献将军足下；玉斗一双，再拜奉亚父足下。』项羽曰：『沛公安在？』良曰：『闻将军有意督过之，脱身独去，已至军矣。』项羽则受璧，置之坐上。亚父受玉斗，置之地，拔剑撞而破之，曰：『唉！竖子不足与谋！夺将军天下者，必沛公也。吾属今为之虏矣！』沛公至军，立诛杀曹无伤。

居数日，项羽引兵西，屠咸阳，杀秦降王子婴，烧秦宫室，火三月不灭。收其货宝、妇女而东。秦民大失望。

韩生说项羽曰：『关中阻山带河，四塞之地，地肥饶，可都以霸。』项羽见秦宫室皆已烧残破，又心思东归，曰：『富贵不归故乡，如衣绣夜行，谁知之者！』韩生退曰：『人言楚人沐猴而冠耳，果然！』项羽闻之，烹韩生。

【注释】

①素车、白马：白色的车和马，这是服丧用的车马。子婴以此表示秦国灭亡，诚心投降。②系颈以组：表示要自杀。③封：这里指把御用的信物包扎后用粘泥封好，加盖印章。符：发兵符。节：像竹节形，用毛制作，上下相重。受命持节即可传达号令赏罚，也就是信物。④轵道：即今陕西省西安市东北。⑤属吏：交付给监守官吏。⑥八州：指秦所处的雍州之外的豫、兖、青、扬、荆、幽、冀、并八州之地。同列，指被秦国兼并的六国。⑦六合：指天、地、东、西、南、北，也就是天下。⑧七庙：天子七庙，按次序分则为太祖居中，其下则按父为昭，子为穆左右排列。太祖为始，配其下三昭、三穆即为七庙。堕，通『隳』，毁坏。⑨缟素：这里是指用以怜悯安抚人民。⑩毒药苦口：应为良药

苦口。⑪案堵：即『安堵』，指不迁移徙动。⑫戏：即戏水，在今陕西省临潼县东。⑬新丰：在今陕西省临潼县东北阴盘城。鸿门：在今陕西省临潼县东北阴盘镇东。⑭左尹：楚官有左尹、右尹，都是行政长官。⑮要：通『邀』。⑯卮：古代一种盛酒器。⑰秋毫：指鸟兽在秋天新长出来的细毛。⑱玦：半圆形的玉环。⑲不者：相当于『否则』。⑳跽：长跪，即双膝着地，上身挺直。㉑彘：肩：即猪蹄膀，古代称猪为彘。㉒芷阳：在今陕西省长安县东。㉓桮杓：这里指酒。

项羽使人致命怀王，怀王曰：『如约。』项羽怒曰：『怀王者，吾家所立耳，非有功伐，①何以得专主约！天下初发难时，假立诸侯后以伐秦。然身被坚执锐首事，暴露于野三年，灭秦定天下者，皆将相诸君与籍之力也。怀王虽无功，固当分其地而王之。』诸将皆曰：『善！』春，正月，羽阳尊怀王为义帝，曰：『古之帝者，地方千里，必居上游。』乃徙义帝于江南，都郴。②

二月，羽分天下王诸将。羽自立为西楚霸王，③王梁、楚地九郡，都彭城。羽与范增疑沛公，而业已讲解，又恶负约，乃阴谋曰：『巴、蜀道险，秦之迁人皆居之。』乃曰：『巴、蜀亦关中地也。』故立沛公为汉王，王巴、蜀、汉中，都南郑。④而三分关中，王秦降将，以距塞汉路。章邯为雍王，王咸阳以西，都废丘。⑤长史欣者，故为栎阳狱掾，⑥尝有德于项梁；都尉董翳者，本劝章邯降楚。故立欣为塞王，王咸阳以东，至河，都栎阳；立翳为翟王，王上郡，都高奴。⑦项羽欲自取梁地，乃徙魏王豹为西魏王，王河东，都平阳。⑧瑕丘申阳者，张耳嬖臣也，先下河南郡，迎楚河上，故立申阳为河南王，都洛阳。韩王成因故都，都阳翟。赵将司马卬定河内，数有功，故立卬为殷王，王河内，都朝歌。徙赵王歇为代王。赵相张耳素贤，又从入关，故立耳为常山王，王赵地，治襄国。⑨当阳君黥布为楚将，常冠军，故立布为九江王，都六。⑩番君吴芮率百越佐诸侯，又从入关，故立芮为衡山王，都邾。义帝柱国共敖将军击南郡，功多，因立敖为临江王，都江陵。徙燕王韩广为辽东王，都无终。⑪燕将臧荼从楚救赵，因从入关，故立荼为燕王，都蓟。徙齐王田市为胶东王，都即墨。齐将田都从楚救赵，因从入关，故立都为齐王，都临菑。项羽方渡河救赵，田安下济北数城，引其兵降项羽，故立安为济北王，都博阳。⑫田荣数负项梁，又不肯将兵从楚击秦，以故不封。成安君陈余弃将印去，不从入关，亦不封。客多说项羽曰：『张耳、陈余，一体有功于赵，今耳为王，余不可以不封。』羽不得已，闻其在南皮，[13]因环封之三县。番君将梅销功多，封十万户侯。

汉王怒，欲攻项羽，周勃、灌婴、樊哙皆劝之。萧何谏曰：『虽王汉中之恶，不犹愈于死乎？』汉王曰：『何为乃死也？』何曰：『今众弗如，百战百败，不死何为！夫能诎于一人之下而信于万乘之上者，汤、武是也。臣愿大王王汉中，养其民以致贤人，收用巴、蜀，还定三秦，天下可图也。』汉王曰：『善！』乃遂就国，以何为丞相。

汉王赐张良金百镒，珠二斗；良具以献项伯。汉王亦因令良厚遗项伯，使尽请汉中地，项王许之。

夏，四月，诸侯罢戏下兵，各就国。项王使卒三万人从汉王之国。楚与诸侯之慕从者数万人，从杜南入蚀中。[14]张良送至褒中，[15]汉王遣良归韩；良因说汉王烧绝所过栈道，以备诸侯盗兵，且示项羽无东意。

田荣闻项羽徙齐王市于胶东，而以田都为齐王，大怒。五月，荣发兵距击田都，都亡走楚。荣留齐王市，不令之胶东。市畏项羽，窃亡之国。荣怒，六月，追击杀市于即墨，自立为齐王。是时，彭越在巨野，有众万余人，无所属。荣与越将军印，使击济北。秋，七月，越击杀济北王安。荣遂并王三齐之地，[16]又使越击楚。项王命萧公角将兵击越，越大破楚军。

张耳之国，陈余益怒曰：『张耳与余，功等也。今张耳王，余独侯，此项羽不平！』乃阴使张同、夏说说齐王荣曰：『项羽为天下宰不平，尽王诸将善地，徙故王于丑地。今赵王乃北居代，余以为不可。闻大王起兵，不听不义，愿大王资余兵击常山，复赵王，请以赵为扞蔽！』[17]齐王许之，遣兵从陈余。

项王以张良从汉王，韩王成又无功，故不遣之国，与俱至彭城，废以为穰侯；已，又杀之。

初，淮阴人韩信，家贫，无行，[18]不得推择为吏，又不能治生商贾，常从人寄食饮，人多厌之。信钓于城下，有漂母见信饥，饭信。信喜，谓漂母曰：『吾必有以重报母。』母怒曰：『大丈夫不能自食，吾哀王孙而进食，岂望报乎！』淮阴屠中少年有侮信者曰：『若虽长大，好带刀剑，中情怯耳。』因众辱之曰：『信能死，刺我；不能死，出我袴下！』[19]于是信孰视之，[20]俛出袴下，[21]蒲伏。一市人皆笑信，以为怯。及项梁渡淮，信杖剑从之。居麾下，[22]无所知名。项梁败，又属项羽，羽以为郎中。数以策干羽，[23]羽不用。汉王之入蜀，信亡楚归汉，未知名。

为连敖，[24]坐当斩。其辈十三人皆已斩，次至信，信乃仰视，适见滕公，[25]曰：『上不欲就天下乎？何为斩壮士？』滕公奇其言，壮其貌，释而不斩。与语，大说之，言于王。王拜以为治粟都尉，[26]亦未之奇也。

信数与萧何语，何奇之。汉王至南郑，诸将及士卒皆歌讴思东归，多道亡者。信度何等已数言王，王不我用，即亡去。何闻信亡，不及以闻，自追之。人有言王曰：『丞相何亡。』王大怒，如失左右手。居一二日，何来谒王。王且怒且喜，骂何曰：『若亡，何也？』何曰：『臣不敢亡也，臣追亡者耳。』王曰：『若所追者谁？』何曰：『韩信也。』王复骂曰：『诸将亡者以十数，公无所追。追信，诈也！』何曰：『诸将易得耳。至如信者，国士无双。王必欲长王汉中，无所事信，必欲争天下，非信无可与计事者。顾王策安所决耳。』王曰：『吾亦欲东耳，安能郁郁久居此乎！』何曰：『计必欲东，能用信，信即留；不能用信，终亡耳。』王曰：『吾为公以为将。』何曰：『虽为将，信不留。』王曰：『以为大将。』何曰：『幸甚！』于是王欲召信拜之。何曰：『王素慢无礼。今拜大将，如呼小儿，此乃信所以去也。王必欲拜之，择良日，斋戒，设坛场，具礼，乃可耳。』王许之。诸将皆喜，人人各自以为得大将。至拜大将，乃韩信也，一军皆惊。

信拜礼毕，上坐。王曰：『丞相数言将军，将军何以教寡人计策？』信辞谢，因问王曰：『今东乡争权天下，岂非项王耶？』汉王曰：『然。』曰：『大王自料勇悍仁强孰与项王？』汉王默然良久，曰：『不如也。』信再拜贺曰：『惟信亦以为大王不如也。然臣尝事之，请言项王之为人也。项王喑噁叱咤，[27]千人皆废，[28]然不能任属贤将，此特匹夫之勇耳。项王见人，恭敬慈爱，言语呕呕，[29]人有疾病，涕泣分食饮；至使人，有功当封爵者，印刓[30]敝，忍不能予，此所谓妇人之仁也。项王虽霸天下而臣诸侯，不居关中而都彭城；背义帝之约，而以亲爱王诸侯，不平；逐其故主而王其将相，又迁逐义帝置江南；所过无不残灭，百姓不亲附，特劫于威强耳。名虽为霸，实失天下心，故其强易弱。今大王诚能反其道，任天下武勇，何所不诛！以天下城邑封功臣，何所不服！以义兵从思东归之士，何所不散！且三秦王为秦将，将秦子弟数岁矣，所杀亡不可胜计；又欺其众降诸侯，至新安，项王诈坑秦降卒二十余万，唯独邯、欣、翳得脱。秦父兄怨此三人，痛入骨髓。今楚强以威王此三人，秦民莫爱也。大王之入武关，秋毫无所害；除秦苛法，与秦民约法三章；[31]秦民无不欲得大王王秦者。于诸侯之约，大王当王关中，民咸知之；大王失职入汉中，秦民无不恨者。今大王举而东，三秦可传檄而定也』。[32]于是汉王大喜，自以为得信晚，遂听信计，部署诸将所击。留萧何收巴、蜀租，给军粮食。

【注释】①功伐：即功劳。②郴：在今湖南省郴县。③西楚：大致指淮河以北，沛、陈、汝南、南郡这些地方为西楚。④南郑：在今陕西省汉中市东。⑤废丘：在今陕西省兴平县东南南佐村。⑥栎阳：在今陕西省临潼县东北武屯镇附近古城村南。⑦高奴：在今陕西省延安市城东延河东岸。⑧平阳：在今山西省临汾市西南金殿。⑨襄国：在今河北省邢台市。⑩六：今安徽省六安县东北。⑪无终：在今天津市蓟县。⑫博阳：在今山东省泰安市东南。⑬南皮：在今河北省南皮县东北。⑭蚀中：又名子午道。自今陕西长安县子午镇南穿秦岭，通往今安康县境。⑮褒中：在今陕西省汉中市西北褒城东。⑯三齐：指齐、济北、胶东这些地方。⑰扞蔽：即屏藩。⑱行：德行，善行。⑲袴：同胯。⑳孰：通『熟』。㉑俛：同『俯』。㉒麾下：部下。㉓干：求，进说。㉔连敖：掌管仓库粮饷的小官。㉕滕公：即夏侯婴，是刘邦的好友，因曾为滕县令，故称滕公。㉖治粟都尉：管理全国盐铁事务的官。㉗喑噁：满怀怒气的样子。㉘废：瘫痪。㉙呕呕：和悦的样子。㉚刓：磨去棱角。敝：即弊，损坏。㉛法三章：即『杀人者死，伤人及盗抵罪。』㉜传檄：发布声讨罪行的文告。

八月，汉王引兵从故道出，[1]袭雍；雍王章邯迎击汉陈仓。雍兵败，还走；止，战好畤，[2]又败，走废丘。汉王遂定雍地，东至咸阳，引兵围雍王于废丘，而遣诸将略地。塞王欣、翟王翳皆降，以其地为渭南、河上、上郡。将军薛欧、王吸出武关，因王陵兵以迎太公、吕后。项王闻之，发兵距之阳夏，不得前。

王陵者，沛人也，先聚党数千人，居南阳，至是始以兵属汉。项王取陵母置军中，陵使至，则东乡坐陵母，[3]欲以招陵。陵母私送使者，泣曰：『愿为老妾语陵：善事汉王，汉王长者，终得天下，毋以老妾故持二心。妾以死送使者！』遂伏剑而死。项王怒，烹陵母。

项王以故吴令郑昌为韩王，以距汉。

张良遗项王书曰：『汉王失职，欲得关中，如约即止，不敢东。』又以齐、梁反书遗项王曰：『齐欲与赵并灭楚。』项王以此故无西意，而北击齐。

燕王广不肯之辽东，臧荼击杀之，并其地。

是岁，以内史沛周苛为御史大夫。

项王使趣义帝行，其群臣、左右稍稍叛之。

二年 冬，十月，项王密使九江、衡山、临江王击义帝，杀之江中。

陈余悉三县兵，与齐兵共袭常山。常山王张耳败，走汉，谒汉王于废丘，汉王厚遇之。陈余迎赵王于代，复为赵王。

赵王德陈余，立以为代王。陈余为赵王弱，国初定，不之国，留傅赵王；而使夏说以相国守代。

张良自韩间行归汉，汉王以为成信侯。良多病，未尝特将，常为画策臣，时时从汉王。

汉王如陕，镇抚关外父老。

河南王申阳降，置河南郡。

汉王以韩襄王孙信为韩太尉，将兵略韩地。信急击韩王昌于阳城，昌降。十一月，立信为韩王，常将韩兵从汉王。

汉王还都栎阳。

诸将拔陇西。

春，正月，项王北至城阳。齐王荣将兵会战，败，走平原，平原民杀之。项王复立田假为齐王。遂北至北海，烧夷城郭、室屋，坑田荣降卒，系虏其老弱、妇女，所过多所残灭。齐民相聚叛之。

汉将拔北地，虏雍王弟平。

三月，汉王自临晋渡河。魏王豹降，将兵从；下河内，虏殷王卬，置河内郡。

初，阳武人陈平，家贫，好读书。里中社，平为宰，分肉食甚均。父老曰：『善，陈孺子之为宰！』平曰：『嗟乎，使平得宰天下，亦如是肉矣！』及诸侯叛秦，平事魏王咎于临济，为太仆，说魏王，不听。人或谗之，平亡去。后事项羽，赐爵为卿。殷王反楚，项羽使平击降之。还，拜为都尉，赐金二十镒。

居无何，汉王攻下殷。项王怒，将诛定殷将吏。平惧，乃封其金与印，使使归项王；而挺身间行，杖剑亡，渡河，归汉王于修武，因魏无知求见汉王。汉王召入，赐食，遣罢就舍。平曰：『臣为事来，所言不可以过今日。』于是汉王与语而说之。问曰：『子之居楚何官？』曰：『为都尉。』是日，即拜平为都尉，使为参乘，典护军。诸将尽欢曰：『大王一日得楚之亡卒，未知其高下，而即与同载，反使监护长者！』汉王闻之，愈益幸平。

汉王南渡平阴津，至洛阳新城。三老董公遮说王曰：『臣闻「顺德者昌，逆德者亡」；「兵出无名，事故不成」。故曰：「明其为贼，敌乃可服。」项羽为无道，放杀其主，天下之贼也。夫仁不以勇，义不以力，大王宜率三军之众为之素服，以告诸侯而伐之，则四海之内莫不仰德，此三王之举也。』于是汉王为义帝发丧，袒而大哭，哀临三日，发使告诸侯曰：『天下共立义帝，北面事之。今项羽放杀义帝江南，④大逆无道！寡人悉发关中兵，收三河士，南浮江、汉以下，愿从诸侯王击楚之杀义帝者！』

使者至赵，陈余曰：『汉杀张耳，乃从。』于是汉王求人类张耳者斩之，持其头遗陈余；余乃遣兵助汉。

田荣弟横收散卒，得数万人，起城阳，夏，四月，立荣子广为齐王，以拒楚。项王因留，连战，未能下。虽闻汉东，既击齐，欲遂破之而后击汉，汉王以故得率诸侯兵凡五十六万人伐楚。到外黄，彭越将其兵三万余人归汉。汉王曰：『彭将军收魏地得十余城，欲急立魏后。今西魏王豹，真魏后。』乃拜彭越为魏相国，擅将其兵略定梁地。汉王遂入城，收其货宝、美人，日置酒高会。

项王闻之，令诸将击齐，而自以精兵三万人南，从鲁出胡陵至萧。晨，击汉军而东至彭城，日中，大破汉军。汉军皆走，相随入穀、泗水，死者十余万人。汉卒皆南走山，楚又追击至灵璧东睢水上；⑤汉军却，为楚所挤，卒十余万人皆入睢水，水为之不流。围汉王三匝。会大风从西北起，折木，发屋，扬沙石，窈冥昼晦，逢迎楚军，大乱坏散，而汉王乃得与数十骑遁去。欲过沛收家室，而楚亦使人之沛取汉王家。家皆亡，不与汉王相见。

汉王道逢孝惠、鲁元公主，载以行。楚骑追之，汉王急，推堕二子车下。滕公为太仆，常下收载之。如是者三，曰：『今虽急，不可以驱，奈何弃之！』故徐行。汉王怒，欲斩之者十余；滕公卒保护，脱二子。审食其从太公、吕后间行求汉王，不相遇，反遇楚军。楚军与归，项王常置军中为质。

是时，吕后兄周吕侯为汉将兵，居下邑。汉王间往从之，稍稍收其士卒。诸侯皆背汉，复与楚。塞王欣、翟王翳亡降楚。

田横进攻田假，假走楚，楚杀之。横遂复定三齐之地。

汉王问群臣曰：『吾欲捐关以东，等弃之，谁可与共功者？』张良曰：『九江王布，楚枭将，⑥与项王有隙；彭越与齐反梁地；此两人可急使。而汉王之将，独韩信可属大事，当一面。即欲捐之，捐之此三人，则楚可破也！』

初，项王击齐，征兵九江，九江王布称病不在，遣将将军数千人行。汉之破楚彭城，布又称病不佐楚。楚王由此怨布，娄使使者诮让，召布。布愈恐，不敢往。项王方北忧齐、赵，西患汉，所与者独九江王；又多布材，欲亲用之，以故未之击。

汉王自下邑徙军砀，遂至虞，谓左右曰：『如彼等者，无足与计天下事！』谒者随何进曰：『不审陛下所谓。』汉王曰：『孰能为我使九江，令之发兵倍楚？留项王数月，我之取天下可以百全。』随何曰：『臣请使之！』汉王使与二十人俱。

五月，汉王至荥阳，诸败军皆会，萧何亦发关中老弱未傅者悉诣荥阳，汉军复大振。楚起于彭城，常乘胜逐北，与汉战荥阳南京、索间。

楚骑来众，汉王择军中可为骑将者，皆推故秦骑士重泉人李必、骆甲。汉王欲拜之，必、甲曰：『臣故秦民，恐军不信；愿得大王左右善骑者傅之。』乃拜灌婴为中大夫令，李必、骆甲为左右校尉，将骑兵击楚骑于荥阳东，大破之，楚以故不能过荥阳而西。汉王军荥阳，筑甬道属之河，以取敖仓粟。

【注释】

①故道：在今陕西省宝鸡市西南大散关东南。②好畤：好畤县，在今陕西省乾县东五里好畤村。③东乡：即『东向』，古代以东向之位为尊。④放杀：迁徙而杀之。⑤灵壁：即今安徽省灵壁县。睢水：自今河南省开封县东分古鸿沟东流，经今杞县、睢县、宁陵、商丘、夏邑、永城等县，复经安徽濉溪、宿县、灵壁诸县及江苏睢宁县，至宿迁县南注入古泗水，久湮。⑥枭将：勇猛的将领。

周勃、灌婴等言于汉王曰：『陈平虽美如冠玉，其中未必有也。臣闻平居家时盗其嫂；事魏不容，亡归楚；不中，又亡归汉。今日大王尊官之，令护军。臣闻平受诸将金，金多者得善处，金少者得恶处。平，反覆乱臣也，愿王察之！』汉王疑之，召让魏无知。无知曰：『臣所言者能也，陛下所问者行也。今有尾生、孝己之行，①而无益胜负之数，陛下何暇用之乎！楚、汉相距，臣进奇谋之士，顾其计诚足以利国家不耳。盗嫂、受金，又何足疑乎！』汉王召让平曰：

『先生事魏不中，事楚而去，今又从吾游，信者固多心乎！』平曰：『臣事魏王，魏王不能用臣说，故去；事项王，项王不能信人，其所任爱，非诸项，即妻之昆弟，虽有奇士不能用。闻汉王能用人，故归大王。臣裸身来，[2]不受金无以为资。诚臣计画有可采乎，愿大王用之；使无可用者，金具在，请封输官，得其骸骨。』汉王乃谢，厚赐，拜为护军中尉，尽护诸将。诸将乃不敢复言。

魏王豹谒归视亲疾；至则绝河津，反为楚。

六月，汉王还栎阳。

壬午，立子盈为太子；赦罪人。

汉兵引水灌废丘，废丘降，章邯自杀。尽定雍地，以为中地、北地、陇西郡。

关中大饥，米斛万钱，人相食。令民就食蜀、汉。

初，秦之亡也，豪杰争取金玉，宣曲任氏独窖仓粟。及楚、汉相距荥阳，民不得耕种，而豪杰金玉尽归任氏，任以此起，富者数世。

秋，八月，汉王如荥阳，命萧何守关中，侍太子，为法令约束，立宗庙、社稷、宫室、县邑；事有不及奏决者，辄以便宜施行[3]，上来，以闻。计关中户口，转漕、调兵以给军，未尝乏绝。

汉王使郦食其往说魏王豹，且召之。豹不听，曰：『汉王慢而侮人，骂詈诸侯、群臣如骂奴耳，[4]吾不忍复见也。』于是汉王以韩信为左丞相，与灌婴、曹参俱击魏。

汉王问食其：『魏大将谁也？』对曰：『柏直。』王曰：『是口尚乳臭，安能当韩信！骑将谁也？』曰：『冯敬。』曰：『是秦将冯无择子也，虽贤，不能当灌婴。』『步卒将谁也？』曰：『项佗。』曰：『不能当曹参。吾无患矣！』韩信亦问郦生：『魏得无用周叔为大将乎？』郦生曰：『柏直也。』信曰：『竖子耳。』遂进兵。魏王盛兵蒲坂以塞临晋。信乃益为疑兵，陈船欲渡临晋，而伏兵从夏阳以木罂流军，[5]袭安邑。魏王豹惊，引兵迎信。九月，信击虏豹，传诣荥阳；悉定魏地，置河东、上党、太原郡。

汉之败于彭城而西也，陈余亦觉张耳不死，即背汉。韩信既定魏，使人请兵三万人，愿以北举燕、赵，东击齐，南绝楚粮道。汉王许之，乃遣张耳与俱，引兵东，北击赵、代。后九月，信破代兵，禽夏说于阏与。信之下魏破代，汉辄使人收其精兵诣荥阳以距楚。

【注释】①尾生：人名，古代传说中坚守信约的人。孝己：商朝高宗的儿子，以行孝道著称。②裸身：即赤身，也就是贫穷无财物用度。③便宜施行：即便宜行事，是说可以按照实际情况考虑事势所宜，自行处理，不必请示。④詈：骂，责骂。⑤木罂：以木制框柙缚上罂缶，用以浮渡。罂缶：是大腹小口的瓦器。

太祖高皇帝上之下

三年 冬，十月，韩信、张耳以兵数万东击赵。赵王及成安君陈余闻之，聚兵井陉口，[1]号二十万。

广武君李左车说成安君曰：『韩信、张耳乘胜而去国远斗，其锋不可当。臣闻「千里馈粮，[2]士有饥色；樵苏后爨，师不宿饱。」[3]今井陉之道，车不得方轨，[4]骑不得成列，行数百里，其势粮食必在其后。愿足下假臣奇兵三万人，从间路绝其辎重；[5]足下深沟高垒勿与战。彼前不得斗，退不得还，野无所掠，不至十日，而两将之头可致于麾下；否则必为二子所擒矣。』

成安君尝自称义兵，不用诈谋奇计，曰：『韩信兵少而疲，如此避而不击，则诸侯谓吾怯而轻来伐我矣。』

韩信使人间视，知其不用广武君策，则大喜，乃敢引兵遂下。未至井陉口三十里，止舍。夜半，传发，[6]选轻骑二千人，人持一赤帜，从间道萆山而望赵军。[7]诫曰：『赵见我走，必空壁逐我；若疾入赵壁，拔赵帜，立汉赤帜。』令其裨将传餐，[8]曰：『今日破赵会食！』诸将皆莫信，佯应曰：『诺。』信曰：『赵已先据便地为壁；且彼未见吾大将旗鼓，未肯击前行，恐吾至阻险而还也。』乃使万人先行，出，背水陈。赵军望见而大笑。

平旦，信建大将旗鼓，鼓行出井陉口；赵开壁击之，大战良久。于是信与张耳佯弃鼓旗，走水上军；水上军开入之，复疾战。赵果空壁争汉旗、鼓，逐信、耳。信、耳已入水上军，军皆殊死战，不可败。信所出奇兵二千骑共候赵空壁逐利，则驰入赵壁，皆拔赵旗，立汉赤帜二千。赵军已不能得信等，欲还归壁；壁皆汉赤帜，见而大惊，以为汉皆已得赵王将矣，兵遂乱，遁走，赵将虽斩之，不能禁也。于是汉兵夹击，大破赵军，斩成安君泜水上，[9]禽赵王歇。

诸将效首虏，毕贺，因问信曰：『兵法：「右倍山陵，前左水泽。」今者将军令臣等反背水陈，曰「破赵会食」，臣等不服，然竟以胜，此何术也？』信曰：『此在兵法，顾诸君不察耳！兵法不曰「陷之死地而后生，置之亡地而后存」？且信非得素拊循士大夫也，[10]此所谓「驱市人而战之」，其势非置之死地，使人人自为战。今予之生地，皆走，宁尚可得而用之乎？！』诸将皆服，曰：『善！非臣所及也。』

信募生得广武君者予千金。有缚致麾下者，信解其缚，东乡坐，师事之。问曰：『仆欲北攻燕，东代齐，何若而有功？」广武君辞谢曰：「臣败亡之虏，何足以权大事乎！」信曰：「仆闻之，百里奚居虞而虞亡，在秦而秦霸；非愚于虞而智于秦也，用与不用，听与不听也。诚令成安君听足下计，若信者亦已为禽矣。以不用足下，故信得侍耳。今仆委心归计，愿足下勿辞。」广武君曰：「今将军涉西河，虏魏王，禽夏说；东下井陉，不终朝而破赵二十万众，诛成安君；名闻海内，威震天下，农夫莫不辍耕释耒，褕衣甘食，⑪倾耳以待命者，此将军之所长也。然而众劳卒罢，其实难用。今将军欲举倦敝之兵，顿之燕坚城之下，⑫欲战不得，攻之不拔，情见势屈；旷日持久，粮食单竭。⑬燕既不服，齐必距境以自强。燕、齐相持而不下，则刘、项之权未有所分也，此将军所短也。善用兵者，不以短击长而以长击短。」韩信曰：「然则何由？」广武君对曰：「方今为将军计，莫如按甲休兵，镇抚赵民，百里之内，牛酒日至，以飨士大夫；北首燕路，⑭而后遣辨士奉咫尺之书，暴其所长于燕，燕必不敢不听从。燕已从而东临齐，虽有智者，亦不知为齐计矣。如是，则天下事皆可图也。兵固有先声而后实者，此之谓也。」韩信曰：「善！」从其策，发使使燕，燕从风而靡；遣使报汉，且请以张耳王赵，汉王许之。楚数使奇兵渡河击赵，张耳、韩信往来救赵，因行定赵城邑，发兵诣汉。

【注释】

①井陉口：今河北省井陉县西北。②餽：通「馈」，运送。③樵苏后爨：意思是事前没有做好准备，临时才打柴草然后做饭，结果只会饿肚皮。不宿饱：就是容易饿肚子。④方轨：车并行而走。⑤辎重：载物资的车。⑥传发：即命令起兵进攻。⑦萆：同「蔽」，遮掩，隐蔽。⑧裨将：偏将、副将。传餐，传递干粮。⑨泜水：即槐河，在今河北省。⑩拊循：抚慰，安抚。⑪褕：美好。⑫顿：屯，驻扎。⑬单：通「殚」，尽。⑭北首：头朝向北方，也就是面向北方。

甲戌晦，日有食之。

十一月，癸卯晦，日有食之。

随何至九江，九江太宰主之，①三日不得见。随何说太宰曰：「王之不见何，必以楚为强，以汉为弱也。此臣之所以为使。使何得见，言之而是，大王所欲闻也；言之而非，使何等二十人伏斧质九江市，足以明王倍汉而与楚也。」

太宰乃言之王。王见之。随何曰：『汉王使臣敬进书大王御者，窃怪大王与楚何亲也！』九江王曰：『寡人北乡而臣事之。』随何曰：『大王与项王俱列为诸侯，北乡而臣事之者，必以楚为强，可以托国也。项王伐齐，身负版筑，②为士卒先。大王宜悉九江之众，身自将之，为楚前锋；今乃发四千人以助楚。夫北面而臣事人者，固若是乎？汉王入彭城，项王未出齐也。大王宜悉九江之兵渡淮，日夜会战彭城下；大王乃抚万人之众，无一人渡淮者，垂拱而观其孰胜。③夫托国于人者，固若是乎？大王提空名以乡楚而欲厚自托，臣窃为大王不取也！然而大王不背楚者，以汉为弱也。夫楚兵虽强，天下负之以不义之名，以其背盟约而杀义帝也。汉王收诸侯，还守成皋、荥阳，下蜀、汉之粟，深沟壁垒，分卒守徼乘塞。④楚人深入敌国八九百里，老弱转粮千里之外。汉坚守而不动，楚进则不得攻，退则不能解，故曰楚兵不足恃也。使楚胜汉，则诸侯自危惧而相救。夫楚之强，适足以致天下之兵耳。故楚不如汉，其势易见也。今大王不与万全之汉而自托于危亡之楚，臣窃为大王惑之！臣非以九江之兵足以亡楚也；大王发兵而倍楚，项王必留；留数月，汉之取天下可以万全。臣请与大王提剑而归汉，汉王必裂地而封大王；又况九江必大王有也。』九江王曰：『请奉命。』阴许畔楚与汉，未敢泄也。

楚使者在九江，舍传舍，方急责布发兵。随何直入，坐楚使者上，曰：『九江王已归汉，楚何以得发兵？』布愕然。楚使者起。何因说布曰：『事已构，可遂杀楚使者，无使归，而疾走汉并力。』布曰：『如使者教。』于是杀楚使者，因起兵而攻楚。

楚使项声、龙且攻九江，数月，龙且破九江军。布欲引兵走汉，恐楚兵杀之，乃间行与何俱归汉。十二月，九江王至汉。汉王方踞床洗足，召布入见。布大怒，悔来，欲自杀；及出就舍，帐御、饮食、从官皆如汉王居，布又大喜过望。于是乃使人入九江；楚已使项伯收九江兵，尽杀布妻子，布使者颇得故人、幸臣，将众数千人归汉。汉益九江王兵，与俱屯成皋。

楚数侵夺汉甬道，汉军乏食。汉王与郦食其谋桡楚权。⑤食其曰：『昔汤伐桀，封其后于杞；武王伐纣，封其后于宋。今秦失德弃义，侵伐诸侯，灭其社稷，使无立锥之地。陛下诚能复立六国之后，此其君臣、百姓必皆戴陛下之德，莫不乡风慕义，愿为臣妾。德义已行，陛下南乡称霸，楚必敛衽而朝。』汉王曰：『善！趣刻印，先生因行佩之矣。』食其未行，张良从外来谒。汉王方食，曰：『子房前！客有为我计桡楚权者。』具以郦生语告良，曰：『何如？』

良曰：『谁为陛下画此计者？陛下事去矣！』汉王曰：『何哉？』对曰：『臣请借前箸，为大王筹之。昔汤、武封桀、纣之后者，度能制其死生之命也；今陛下能制项籍之死命乎？其不可一也。武王入殷，表商容之闾，释箕子之囚，封比干之墓，[6]今陛下能乎？其不可二也。发巨桥之粟，[7]散鹿台之钱，[8]以赐贫穷，今陛下能乎？其不可三也。殷事已毕，偃革为轩，倒载干戈，示天下不复用兵，今陛下能乎？其不可四也。休马华山之阳，示以无为，今陛下能乎？其不可五也。放牛桃林之阴，[9]以示不复输积，今陛下能乎？其不可六也。天下游士，离其亲戚，弃坟墓，去故旧，从陛下游者，徒欲日夜望咫尺之地；今复立六国之后，天下游士各归事其主，从其亲戚，反其故旧、坟墓，陛下与谁取天下乎？其不可七也。且夫楚唯无强，六国立者复桡而从之，陛下焉得而臣之？其不可八也。诚用客之谋，陛下事去矣！』汉王辍食，吐哺，骂曰：『竖儒几败而公事！』令趣销印。

荀悦论曰：夫立策决胜之术，其要有三：一曰形，二曰势，三曰情。形者，言其大体得失之数也；势者，言其临时之宜、进退之机也；情者，言其心志可否之实也。故策同、事等而功殊者，三术不同也。

初，张耳、陈余说陈涉以复六国，自为树党；郦生亦说汉王。所以说者同而得失异者，陈涉之起，天下皆欲亡秦；而楚、汉之分未有所定，今天下未必欲亡项也。故立六国，于陈涉，所谓多己之党而益秦之敌也；且陈涉未能专天下之地也，所谓取非其有以与于人，行虚惠而获实福也。立六国，于汉王，所谓割己之有而以资敌，设虚名而受实祸也。此同事而异形者也。

及宋义待秦、赵之毙，与昔卞庄子刺虎同说者也。[10]施之战国之时，邻国相攻，无临时之急，则可也。战国之立，其日久矣，一战胜败，未必以存亡也；其势非能急于亡敌国也；进乘利，退自保，故累力待时，承敌之毙，其势然也。今楚、赵所起，其与秦势不并立，安危之机，呼吸成变，进则定功，退则受祸。此同事而异势者也。

伐赵之役，韩信军于泜水之上而赵不能败。彭城之难，汉王战于睢水之上，士卒皆赴入睢水而楚兵大胜。何则？赵兵出国迎战，见可而进，知难而退，怀内顾之心，无出死之计；韩信军孤在水上，士卒必死，无有二心，此信之所以胜也。汉王深入敌国，置酒高会，士卒逸豫，战心不固；楚以强大之威而丧其国都，士卒皆有愤激之气，救败赴亡之急，以决一旦之命，此汉之所以败也。且韩信选精兵以守，而赵以内顾之士攻之；项羽选精兵以攻，而汉以怠惰之卒应之，此同事而异情者也。

故曰：权不可豫设，变不可先图。与时迁移，应物变化，设策之机也。

【注释】

①太宰：掌管供给饮食的官。②版筑：墙板与杵。③垂拱：指不做什么事，静候事态发展。④徼：指边境的亭障。⑤桡：削弱。⑥商容：商代贵族。箕子：商代的贵族，纣王的叔父，任为太师。曾劝谏纣王，纣王不听，把他囚禁。比干：商代贵族，纣王的叔父，任为少师。他因屡次劝谏纣王，被剖心而死。⑦巨桥：即巨桥仓，为商纣时粟仓，今河北省平乡县东南。⑧鹿台：称『南单之台』，今河南省淇县。⑨桃林：又名桃原，今河南省灵宝县以西。⑩卞庄子刺虎：卞庄子，又作管庄子，卞严子，辨庄子，春秋时鲁国卞邑大夫，以勇力驰名。卞庄子刺虎的故事说，卞庄子要去刺杀两条老虎。管竖子制止说，两条虎正在食牛，它们会因争食而斗，这样小虎会斗死，大虎会斗伤，最后你把斗伤的大虎刺死，等于是刺死两虎。卞庄子按管竖子的意见办，果然获得二虎。

汉王谓陈平曰：『天下纷纷，何时定乎？』陈平曰：『项王骨鲠之臣[1]亚父、钟离昧、龙且、周殷之属，不过数人耳。大王诚能捐数万斤金，行反间，间其君臣，以疑其心。项王为人，意忌信谗，必内相诛，汉因举兵而攻之，破楚必矣。』汉王曰：『善！』乃出黄金四万斤与平，恣所为，不问其出入。平多以金纵反间于楚军，宣言：『诸将钟离昧等为项王将，功多矣，然而终不得裂地而王，欲与汉为一，以灭项氏而分王其地。』项王果意不信钟离昧等。

夏，四月，楚围汉王于荥阳，急；汉王请和，割荥阳以西者为汉。亚父劝羽急攻荥阳；汉王患之。项羽使使至汉，陈平使为大牢具。[2]举进，见楚使，即佯惊曰：『吾以为亚父使，乃项王使！』复持去，更以恶草具进楚使。[3]楚使归，具以报项王，项王果大疑亚父。亚父欲急攻下荥阳城，项王不信，不肯听。亚父闻项王疑之，乃怒曰：『天下事大定矣，君王自为之，愿赐骸骨！』[4]归，未至彭城，疽发背而死。[5]

五月，将军纪信言于汉王曰：『事急矣！臣请诳楚，王可以间出。』于是陈平夜出女子东门二千余人，楚因而四面击之。纪信乃乘王车，黄屋左纛，[6]曰：『食尽，汉王降楚。』楚皆呼万岁，之城东观。以故汉王得与数十骑出西门遁去，令韩王信与周苛、魏豹、枞公守荥阳。羽见纪信，问：『汉王安在？』曰：『已出去矣。』羽烧杀信。周苛、枞公相谓曰：『反国之王，难与守城！』因杀魏豹。

汉王出荥阳，至成皋，入关，收兵欲复东。辕生说汉王曰：『汉与楚相距荥阳数岁，汉常困。愿君王出武关，项王必引兵南走。王深壁勿战，令荥阳、成皋间且得休息，使韩信等得安辑河北赵地，连燕、齐，君王乃复走荥阳。如此，则楚所备者多，力分；汉得休息，复与之战，破之必矣！』汉王从其计，出军宛、叶间，[7]与黥布行收兵。羽闻汉王在宛，果引兵南；汉王坚壁不与战。

汉王之败彭城，解而西也，彭越皆亡其所下城，独将其兵北居河上，常往来为汉游兵击楚，绝其后粮。是月，彭越渡睢，与项声、薛公战下邳，破，杀薛公。羽乃使终公守成皋，而自东击彭越。汉王引兵北，击破终公，复军成皋。

六月，羽已破走彭越，闻汉复军成皋，乃引兵西拔荥阳城，生得周苛。羽谓苛：『为我，将以公为上将军，封三万户。』周苛骂曰：『若不趋降汉，今为虏矣；若非汉王敌也！』羽烹周苛，并杀枞公而虏韩王信，遂围成皋。汉王逃，独与滕公共车出成皋玉门，北渡河，宿小修武传舍。晨，自称汉使，驰入赵壁。张耳、韩信未起，即其卧内，夺其印符以麾召诸将，易置之。信、耳起，乃知汉王来，大惊。汉王既夺两人军，即令张耳徇行，备守赵地。拜韩信为相国，收赵兵未发者击齐。诸将稍稍得出成皋从汉王。楚拔成皋，欲西；汉使兵距之巩，令其不得西。

秋，七月，有星孛[8]于大角。

临江王龙薨，子尉嗣。

汉王得韩信军，复大振。八月，引兵临河，南乡，军小修武，欲复与楚战。郎中郑忠说止汉王，使高垒深堑勿与战。汉王听其计，使将军刘贾、卢绾将卒二万人，骑数百，度白马津，入楚地，佐彭越，烧楚积聚，以破其业，无以给项王军食而已。楚兵击刘贾，贾辄坚壁不肯与战，而与彭越相保。

彭越攻徇梁地，下睢阳、外黄等十七城。九月，项王谓大司马曹咎曰：『谨守成皋。即汉王欲挑战，慎勿与战，勿令得东而已。我十五日必定梁地，复从将军。』羽引兵东行，击陈留、外黄、睢阳等城，皆下之。

汉王欲捐成皋以东，屯巩、洛以距楚。郦生曰：『臣闻「知天之天者，王事可成」，王者以民为天，而民以食为天。夫敖仓，天下转输久矣，臣闻其下乃有藏粟甚多。楚人拔荥阳，不坚守敖仓，乃引而东，令适卒分守成皋，此乃天所以资汉也。方今楚易取而汉反却，自夺其便，臣窃以为过矣。且两雄不俱立，楚、汉久相持不决，海内摇荡，农夫释耒，红女下机，天下之心未有所定也。愿足下急复进兵，收取荥阳，据敖仓之粟，塞成皋之险，杜太行之道，距蜚狐之口，[9]守白马之津，以示诸侯形制之势，则天下知所归矣。」王从之，乃复谋取敖仓。

食其又说王曰：「方今燕、赵已定，唯齐未下，诸田宗强，负海、岱，[10]阻河、济，南近于楚，人多变诈；足下虽遣数万师，未可以岁月破也。臣请得奉明诏说齐王，使为汉而称东藩。」上曰：「善！」

乃使郦生说齐王曰：「王知天下之所归乎？」王曰：「不知也。天下何所归？」郦生曰：「归汉。」曰：「先生何以言之？」曰：「汉王先入咸阳，项王负约，王之汉中。项王迁杀义帝，汉王闻之，起蜀、汉之兵击三秦，出关而责义帝之处。收天下之兵，立诸侯之后；降城即以侯其将，得赂即以分其士；与天下同其利，豪英贤才皆乐为之用。项王有倍约之名，杀义帝之实；于人之功无所记，于人之罪无所忘；战胜而不得其赏，拔城而不得其封，非项氏莫得用事；天下畔之，贤才怨之，而莫为之用。故天下之事归于汉王，可坐而策也！夫汉王发蜀、汉，定三秦；涉西河，破北魏；出井陉，诛成安君；此非人之力也，天之福也！今已据敖仓之粟，塞成皋之险，守白马之津，杜太行之阪，距蜚狐之口；天下后服者先亡矣。王疾先下汉王，齐国可得而保也；不然，危亡可立而待也！」先是，齐闻韩信且东兵，使华无伤、田解将重兵屯历下[11]以距汉。及纳郦生之言，遣使与汉平，乃罢历下守战备，与郦生日纵酒为乐。

韩信引兵东，未度平原，闻郦食其已说下齐，欲止。辨士蒯彻说信曰：「将军受诏击齐，而汉独发间使下齐，宁有诏止将军乎？何以得毋行也？且郦生，一士，伏轼掉三寸之舌，[12]下齐七十余城，将军以数万众，岁余乃下赵五十余城。为将数岁，反不如一竖儒之功乎！」于是信然之，遂渡河。

四年 冬，十月，信袭破齐历下军，遂至临淄。齐王以郦生为卖己，乃烹之；引兵东走高密，使使之楚请救。田横走博阳，[13]守相田光走城阳，将军田既军于胶东。

【注释】

①骨鲠之臣：刚直的臣子。②大牢：即太牢。古代祭祀或宴会，牛、羊、猪三牲齐备叫「太牢」。③恶草具：供给饮食不备肴肉，就叫恶草具。④赐骸骨：准予辞职引退。⑤疽：毒疮。⑥黄屋：古代帝王所乘车上以黄缯为里的车盖。左纛：纛是古时帝王乘舆上的装饰物，用犛牛尾或雉尾制成，因设在车衡的左边，故称左纛。⑦叶：古邑

名，今河南省叶县南。⑧孛：彗星。大角，北天著名橙色亮星。大角星是天王帝坐廷。⑨蜚狐之口：今河北蔚县东南。⑩岱：即岱山，亦即泰山。⑪历下：历下邑，今山东省济南市。⑫轼：车前横木，供乘车者凭伏。⑬博阳：博阳县，今山东省泰安县东南，后废。

楚大司马咎守成皋，汉数挑战，楚军不出。使人辱之，数日，咎怒，渡兵汜水。①士卒半渡，汉击之，大破楚军，尽得楚国金玉、货赂，咎及司马欣皆自刭汜水上。汉王引兵渡河，复取成皋，军广武，②就敖仓食。

项羽下梁地十余城，闻成皋破，乃引兵还。汉军方围钟离眛于荥阳东，闻羽至，尽走险阻。羽亦军广武，与汉相守。数月，楚军食少。项王患之，乃为俎，③置太公其上，告汉王曰：『今不急下，吾烹太公！』汉王曰：『吾与羽俱北面受命怀王，约为兄弟，吾翁即若翁；必欲烹而翁，④幸分我一杯羹！』项王怒，欲杀之。项伯曰：『天下事未可知。且为天下者不顾家，虽杀之无益，祇益祸耳！』项王从之。

项王谓汉王曰：『天下匈匈数岁者，⑤徒以吾两人耳。愿与汉王挑战，决雌雄，毋徒苦天下之民父子为也！』汉王笑谢曰：『吾宁斗智，不能斗力！』项王三令壮士出挑战，汉有善骑射者楼烦辄射杀之。项王大怒，乃自被甲持戟挑战。楼烦欲射之，项王瞋目叱之，⑥楼烦目不敢视，手不敢发，遂走还入壁，不敢复出。汉王使人间问之，乃项王也，汉王大惊。

于是项王乃即汉王，相与临广武间而语。羽欲与汉王独身挑战。汉王数羽曰：『羽负约，王我于蜀、汉，罪一；矫杀卿子冠军，罪二；救赵不还报，而擅劫诸侯兵入关，罪三；烧秦宫室，掘始皇帝冢，收私其财，罪四；杀秦降王子婴，罪五；诈坑秦子弟新安二十万，罪六；王诸将善地而徙逐故主，罪七；出逐义帝彭城，自都之，夺韩王地，并王梁、楚，多自与，罪八；使人阴杀义帝江南，罪九；为政不平，王约不信，天下所不容，大逆无道，罪十也。吾以义兵从诸侯诛残贼，使刑余罪人击公，何苦乃与公挑战！』羽大怒，伏弩射中汉王。汉王伤胸，乃扪足曰：⑦『虏中吾指。』汉王病创卧，张良强请汉王起行劳军，以安士卒，毋令楚乘胜。汉王出行军，疾甚，因驰入成皋。

韩信已定临淄，遂东追齐王。项王使龙且将兵，号二十万，以救齐，与齐王合军高密。

客或说龙且曰：『汉兵远斗穷战，其锋不可当。齐、楚自居其地，兵易败散。不如深壁，令齐王使其信臣招所亡城；亡城闻王在，楚来救，必反汉。汉兵二千里客居齐地，齐城皆反之，其势无所得食，可无战而降也。』龙且曰：『吾平生知韩信为人，易与耳！寄食于漂母，无资身之策；受辱于袴下，无兼人之勇，不足畏也。且夫救齐，不战而降之，吾何功！今战而胜之，齐之半可得也。』

十一月，齐、楚与汉夹潍水而陈。⑧韩信储夜令人为万余囊，满盛沙，壅水上流；引军半渡击龙且，佯不胜，还走。龙且果喜曰：『固知信怯也！』遂追信。信使人决壅囊，水大至，龙且军太半不得渡。即急击杀龙且，水东军散走，齐王广亡去。信遂追北至成阳，虏齐王广。汉将灌婴追得齐守相田光，进至博阳。田横闻齐王死，自立为齐王，还击婴，婴败横军于嬴下。田横亡走梁，归彭越。婴进击齐将田吸于千乘，曹参击田既于胶东，皆杀之，尽定齐地。

立张耳为赵王。

汉王疾愈，西入关。至栎阳，枭故塞王欣头栎阳市。留四日，复如军，军广武。

韩信使人言汉王曰：『齐伪诈多变，反覆之国也；南边楚。请为假王以镇之。』汉王发书，大怒，骂曰：『吾困于此，旦暮望若来佐我，乃欲自立为王！』张良、陈平蹑汉王足，因附耳语曰：『汉方不利，宁能禁信之自王乎！不如因而立之，善遇，使自为守。不然，变生。』汉王亦悟，因复骂曰：『大丈夫定诸侯，即为真王耳，何以假为！』

春，二月，遣张良操印立韩信为齐王，征其兵击楚。

项王闻龙且死，大惧，使盱台人涉往说齐王信曰：『天下共苦秦久矣，相与戮力击秦。秦已破，计功割地，分土而王之，以休士卒。今汉王复兴兵而东，侵人之分，夺人之地；已破三秦，引兵出关，收诸侯之兵以东击楚，其意非尽吞天下者不休，其不知厌足如是甚也！且汉王不可必，身居项王掌握中数矣，项王怜而活之；然得脱，辄倍约，复击项王，其不可亲信如此。今足下虽自以与汉王为厚交，为之尽力用兵，必终为所禽矣。足下所以得须臾至今者，以项王尚存也。当今二王之事，权在足下，足下右投则汉王胜，左投则项王胜。项王今日亡，则次取足下。足下与项王有故，何不反汉与楚连和，参分天下王之！今释此时而自必于汉以击楚，且为智者固若此乎？』韩信谢曰：『臣事项王，官不过郎中，位不过执戟；言不听，画不用，故倍楚而归汉。汉王授我上将军印，予我数万众，解衣衣我，推食食我，言听计用，故吾得以至于此。夫人深亲我，我倍之不祥；虽死不易！

幸为信谢项王！』

武涉已去，蒯彻知天下权在信，乃以相人之术说信曰：『仆相君之面，不过封侯，又危不安；相君之背，贵乃不可言。』韩信曰：『何谓也？』蒯彻曰：『天下初发难也，忧在亡秦而已。今楚、汉分争，使天下之人肝胆涂地，父子暴骸骨于中野，不可胜数。楚人起彭城，转斗逐北，乘利席卷，威震天下；然兵困于京、索之间，迫西山而不能进者，三年于此矣。汉王将数十万之众，距巩、雒，阻山河之险，一日数战，无尺寸之功，折北不救。此所谓智勇俱困者也。百姓罢极怨望，无所归倚。以臣料之，其势非天下之贤圣固不能息天下之祸。当今两主之命，县于足下，足下为汉则汉胜，与楚则楚胜。诚能听臣之计，莫若两利而俱存之，参分天下，鼎足而居，其势莫敢先动。夫以足下之贤圣，有甲兵之众，据强齐，从赵、燕，出空虚之地而制其后，因民之欲，西乡为百姓请命，则天下风走而响应矣，孰敢不听！割大弱强以立诸侯，诸侯已立，天下服听，而归德于齐。案齐之故，有胶、泗之地，深拱揖让，则天下之君王相率而朝于齐矣。盖闻「天与弗取，反受其咎；时至不行，反受其殃」。愿足下熟虑之！』韩信曰：『汉王遇我甚厚，吾岂可乡利而倍义乎！』蒯生曰：『始常山王、成安君为布衣时，相与为刎颈之交；后争张黡、陈泽之事，常山王杀成安君泜水之南，头足异处。此二人相与，天下至欢也，然而卒相禽者，何也？患生于多欲而人心难测也。今足下欲行忠信以交于汉王，必不能固于二君之相与也，而事多大于张黡、陈泽者；故臣以为足下必汉王之不危己，亦误矣！大夫种存亡越，霸句践，立功成名而身死亡，野兽尽而猎狗烹。夫以交友言之，则不如张耳之与成安君者也；以忠信言之，则不过大夫种之于句践也。此二者足以观矣！愿足下深虑之。且臣闻「勇略震主者身危，功盖天下者不赏」。今足下戴震主之威，挟不赏之功，归楚，楚人不信；归汉，汉人震恐。足下欲持是安归乎？』韩信谢曰：『先生且休矣，吾将念。』后数日，蒯彻复说曰：『夫听者，事之候也；计者，事之机也；听过计失而能久安者鲜矣！故知者，决之断也；疑者，事之害也。审豪厘之小计，遗天下之大数，智诚知之，决弗敢行者，百事之祸也。夫功者，难成而易败；时者，难得而易失也；时乎时，不再来！』韩信犹豫，不忍倍汉；又自以功多，汉终不夺我齐，遂谢。蒯彻因去，佯狂为巫。

秋，七月，立黥布为淮南王。

八月，北貉燕人来致枭骑助汉。

汉王下令：军士不幸死者，吏为衣衾棺敛，转送其家。四方归心焉。

是岁，以中尉周昌为御史大夫。昌，苛从弟也。

项羽自知少助；食尽，韩信又进兵击楚，羽患之。汉遣侯公说羽请太公。羽乃与汉约，中分天下，割洪沟以西为汉，以东为楚。九月，楚归太公、吕后，引兵解而东归。汉王欲西归，张良、陈平说曰：『汉有天下太半，而诸侯皆附；楚兵疲食尽，此天亡之时也。今释弗击，此所谓养虎自遗患也。』汉王从之。

【注释】

①汜水：源出河南省巩县东南，北流经今荥阳县西北汜水镇西，注入黄河。②广武：广武城，今河南省荥阳县东北广武山上。③俎：切肉用的砧板。④而：汝，你。⑤匈匈：同汹汹，动荡战乱。⑥瞋：发怒时瞪眼。⑦扪：抚摸。⑧潍水：今山东省东部的潍河。

太祖高皇帝下

八年 冬，上东击韩王信馀寇于东垣，过柏人。[①]贯高等壁人于厕中，欲以要上。上欲宿，心动，问曰：『县名为何？』曰：『柏人。』上曰：『柏人者，迫于人也。』遂不宿而去。十二月，帝行自东垣至。

春，三月，行如洛阳。

令贾人毋得衣锦、绣、绮、縠、絺、纻、罽，[②]操兵、乘、骑马。

秋，九月，行自洛阳至；淮南王、梁王、赵王、楚王皆从。

匈奴冒顿数苦北边。上患之，问刘敬，刘敬曰：『天下初定，士卒罢于兵，未可以武服也。冒顿杀父代立，妻群母，以力为威，未可以仁义说也。独可以计久远，子孙为臣耳；然恐陛下不能为。』上曰：『奈何？』对曰：『陛下诚能以适长公主妻之，厚奉遗之，彼必慕，以为阏氏，生子，必为太子。陛下以岁时汉所余，彼所鲜，数问遗，因使辨士风谕以礼节。冒顿在，固为子婿；死，则外孙为单于；岂尝闻外孙敢与大父抗礼者哉！可无战以渐臣也。若陛下不能遣长公主，而令宗室及后宫诈称公主，彼知，不肯贵近，无益也。』帝曰：『善！』欲遣长公主。吕后日夜泣曰：『妾唯太子、一女，奈何弃之匈奴！』上竟不能遣。

九年 冬，上取家人子名为长公主，以妻单于；使刘敬往结和亲约。

臣光曰：建信侯谓冒顿残贼，不可以仁义说，而欲与为婚姻，何前后之相违也！夫骨肉之恩，尊卑之叙，唯仁义之人为能知之；奈何欲以此服冒顿哉！盖上世帝王之御夷狄也，服则怀之以德，叛则震之以威，未闻与为婚姻也。且冒顿视其父如禽兽而猎之，奚有于妇翁！建信侯之术，固已疏矣；况鲁元已为赵后，又可夺乎！

刘敬从匈奴来，因言：『匈奴河南白羊、楼烦王，去长安近者七百里，轻骑一日一夜可以至秦中。秦中新破，少民，地肥饶，可益实。夫诸侯初起时，非齐诸田、楚昭、屈、景莫能兴。今陛下虽都关中，实少民，东有六国之强族，一日有变，陛下亦未得高枕而卧也。臣愿陛下徙六国后及豪桀、名家居关中，无事可以备胡，诸侯有变，亦足率以东伐。此强本弱末之术也。』上曰：『善！』十一月，徙齐、楚大族昭氏、屈氏、景氏、怀氏、田氏五族及豪桀于关中，与利田、宅，凡十余万口。

十二月，上行如洛阳。

贯高怨家知其谋，上变告之。于是上逮捕赵王及诸反者。赵午等十余人皆争自刭，贯高独怒骂曰：『谁令公为之？今王实无谋，而并捕王。公等皆死，谁白王不反者？』乃轞车胶致，[3]与王诣长安。高对狱曰：『独吾属为之，王实不知。』吏治，搒笞数千，刺剟，[4]身无可击者，终不复言。吕后数言：『张王以公主故，不宜有此。』上怒曰：『使张敖据天下，岂少而女乎！』不听。

廷尉以贯高事辞闻。上曰：『壮士！谁知者？以私问之。』中大夫泄公曰：『臣之邑子，素知之，此固赵国立义不侵，为然诺者也。』上使泄公持节往问之箯舆前。[5]泄公与相劳苦，如生平欢，因问：『张王果有计谋不？』高曰：『人情宁不各爱其父母、妻子乎？今吾三族皆以论死，岂爱王过于吾亲哉？顾为王实不反，独吾等为之。』具道本指所以为者、王不知状。于是泄公入，具以报上。春，正月，上赦赵王敖，废为宣平侯，徙代王如意为赵王。

上贤贯高为人，使泄公具告之曰：『张王已出。』因赦贯高。贯高喜曰：『吾王审出乎？』泄公曰：『然。』泄公曰：『上多足下，故赦足下。』贯高曰：『所以不死，一身无余者，白张王不反也。今王已出，吾责已塞，死不恨矣。且人臣有篡弑之名，何面目复事上哉！纵上不杀我，我不愧于心乎！』乃仰绝亢，遂死。

荀悦论曰：贯高首为乱谋，杀主之贼；虽能证明其王，小亮不塞大逆，私行不赎公罪。《春秋》之义大居正，罪无赦可也。

臣光曰：高祖骄以失臣，贯高狠以亡君。使贯高谋逆者，高祖之过也；使张敖亡国者，贯高之罪也。

诏：『丙寅前有罪，殊死已下，皆赦之。』

二月，行自洛阳至。

初，上诏：『赵群臣宾客敢从张王者，皆族。』郎中田叔、客孟舒皆处髡钳为王家奴以从。及张敖既免，上贤田叔、孟舒等。召见，与语，汉廷臣无能出其右者。上尽拜为郡守、诸侯相。

夏，六月，乙未晦，日有食之。

【注释】①东垣：东垣县，今河北省正定县南。柏人：柏人县，今河北省隆尧县西尧城西北。②绮：有花纹的丝织品。縠：绉纱一类的丝织品。罽，一种毛织品。③槛车：古代的一种囚车。④刭：刺。⑤箯：竹子编成的舆床。

是岁，更以丞相何为相国。

十年夏，五月，太上皇崩于栎阳宫。秋，七月，癸卯，葬太上皇于万年。[1]楚王、梁王皆来送葬。赦栎阳囚。

定陶戚姬有宠于上，生赵王如意。上以太子仁弱，谓如意类己，虽封为赵王，常留之长安。上之关东，戚姬常从，日夜啼泣，欲立其子。吕后年长，常留守，益疏。上欲废太子而立赵王，大臣争之，皆莫能得。御史大夫周昌廷争之强，上问其说。昌为人吃，又盛怒，曰：『臣口不能言，然臣期期知其不可！陛下欲废太子，臣期期不奉诏！』上欣然而笑。吕后侧耳于东厢听，既罢，见昌，为跪谢，曰：『微君，太子几废！』

时赵王年十岁，上忧万岁之后不全也；符玺御史赵尧请为赵王置贵强相，及吕后、太子、群臣素所敬惮者。上曰：『谁可者？』尧曰：『御史大夫昌，其人也。』上乃以昌相赵，而以尧代昌为御史大夫。

初，上以阳夏侯陈豨为相国，监赵、代边兵；豨过辞淮阴侯。淮阴侯挈其手，辟左右，与之步于庭，仰天叹曰：『子可与言乎？』豨曰：『唯将军令之！』淮阴侯曰：『公之所居，天下精兵处也；而公，陛下之信幸臣也。人言公之畔，陛下必不信；再至，陛下乃疑矣；三至，必怒而自将。吾为公从中起，天下可图也。』陈豨素知其能也，信之，曰：『谨奉教！』豨常慕魏无忌之养士，及为相守边，告归，[2]过赵，宾客随之者千余乘，邯郸官舍皆满。赵相周昌求入见上，具言豨宾客甚盛，擅兵于外数岁，恐有变。上令人覆案豨客居代者诸不法事，多连引豨。豨恐，韩王信因使王黄、曼丘臣等说诱之。

太上皇崩，上使人召豨，豨称病不至；九月，遂与王黄等反，自立为代王，劫略赵、代。上自东击之。至邯郸，喜曰：『豨不南据邯郸而阻漳水，吾知其无能为矣。』

周昌奏：『常山二十五城，亡其二十城；请诛守、尉。』上曰：『守、尉反乎？』对曰：『不。』上曰：『是力不足，亡罪。』

上令周昌选赵壮士可令将者，白见四人。上嫚骂曰：『竖子能为将乎？』四人惭，皆伏地；上封各千户，以为将。左右谏曰：『从入蜀、汉，伐楚，赏未遍行；今封此，何功？』上曰：『非汝所知。陈豨反，赵、代地皆豨有。吾以羽檄征天下兵，未有至者，今计唯独邯郸中兵耳。吾何爱四千户，不以慰赵子弟！』皆曰：『善！』

又闻豨将皆故贾人，上曰：『吾知所以与之矣。』乃多以金购豨将，豨将多降。

十一年 冬，上在邯郸。陈豨将侯敞将万余人游行，王黄将骑千余军曲逆，张春将卒万余人渡河攻聊城。③汉将军郭蒙与齐将击，大破之。太尉周勃道太原入定代地，至马邑，不下，攻残之。赵利守东垣，帝攻拔之，更命曰真定。帝购王黄、曼丘臣以千金，其麾下皆生致之。于是陈豨军遂败。

淮阴侯信称病，不从击豨，阴使人至豨所，与通谋。信谋与家臣夜诈诏赦诸官徒、奴，欲发以袭吕后、太子；部署已定，待豨报。其舍人得罪于信，信囚，欲杀之。春，正月，舍人弟上变，告信欲反状于吕后。吕后欲召，恐其傥不就，乃与萧相国谋，诈令人从上所来，言豨已得，死，列侯、群臣皆贺。相国绐信曰：『虽疾，强入贺。』信入，吕后使武士缚信，斩之长乐钟室。信方斩，曰：『吾悔不用蒯彻之计，乃为儿女子所诈，岂非天哉！』遂夷信三族。

臣光曰：世或以韩信为首建大策，与高祖起汉中，定三秦，遂分兵以北，禽魏，取代，仆赵，胁燕，东击齐而有之，南灭楚垓下，汉之所以得天下者，大抵皆信之功也。观其距蒯彻之说，迎高祖于陈，岂有反心哉！良由失职快快，遂陷悖逆。夫以卢绾里闬旧恩，犹南面王燕，信乃以列侯奉朝请，岂非高祖亦有负于信哉！臣以为高祖用诈谋禽信于陈，言负则有之；虽然，信亦有以取之也。始，汉与楚相距荥阳，信灭齐，不还报而自王；其后汉追楚至固陵，与信期共攻楚而信不至。当是之时，高祖固有取信之心矣，顾力不能耳。及天下已定，则信复何恃哉！夫乘时以徼利者，市井之志也；酬功而报德者，士君子之心也。信以市井之志利其身，而以君子之心望于人，不亦难哉！是故太史公论之曰：『假令韩信学道谦让，不伐己功，不矜其能，则庶几哉！于汉家勋，可以比周、召、太公之徒，后世血食矣！不务出此，而天下已集，乃谋畔逆；夷灭宗族，不亦宜乎！』

【注释】①万年：万年县，今陕西省临潼县东北武屯镇附近古城村南。②告归：请求休假回家。③聊城：今山东省聊城市。

将军柴武斩韩王信于参合。①

上还洛阳，闻淮阴侯之死，且喜且怜之，问吕后曰：『信死亦何言？』吕后曰：『信言恨不用蒯彻计。』上曰：『是齐辩士蒯彻也。』乃诏齐捕蒯彻。蒯彻至，上曰：『若教淮阴侯反乎？』对曰：『然，臣固教之。竖子不用臣之策，故令自夷于此；如用臣之计，陛下安得而夷之乎！』上怒曰：『烹之！』彻曰：『嗟乎！冤哉烹也！』上曰：『君教韩信反，何冤？』对曰：『秦失其鹿，天下共逐之，高材疾足者先得焉。跖之狗吠尧，尧非不仁，狗固吠非其主。当是时，臣惟独知韩信，非知陛下也。且天下锐精持锋欲为陛下所为者甚众，顾力不能耳，又可尽烹之邪？』上曰：『置之。』

立子恒为代王，都晋阳。

大赦天下。

上之击陈豨也，征兵于梁；梁王称病，使将将兵诣邯郸。上怒，使人让之。梁王恐，欲自往谢。其将扈辄曰：『王始不往，见让而往，往则为禽矣。不如遂发兵反。』梁王不听。梁太仆得罪，亡走汉，告梁王与扈辄谋反。于是上使使掩梁王，梁王不觉，遂囚之洛阳。有司治『反形已具，请论如法』，上赦以为庶人，传处蜀青衣。②西至郑，逢吕后从长安来。彭王为吕后泣涕，自言无罪，愿处故昌邑。吕后许诺，与俱东。至洛阳，吕后白上曰：『彭王壮士，今徙之蜀，此自遗患；不如遂诛之。妾谨与俱来。』于是吕后乃令其舍人告彭越复谋反。廷尉王恬（关）奏请族之，上可其奏。三月，夷越三族。枭越首洛阳，下诏：『有收视者，辄捕之。』

梁大夫栾布使于齐，还，奏事越头下，祠而哭之。吏捕以闻。上召布，骂，欲烹之。方提趋汤，布顾曰：『愿一言而死。』上曰：『何言？』布曰：『方上之困于彭城，败荥阳、成皋间，项王所以遂不能西者，徒以彭王居梁地，与汉合从苦楚也。当是之时，王一顾，与楚则汉破，与汉则楚破。且垓下之会，微彭王，项氏不亡。天下已定，彭王剖符受封，亦欲传之万世。今陛下一征兵于梁，彭王病不行，而陛下疑以为反；反形未具，以苛小案诛灭之。臣恐功臣人人自危也。今彭王已死，臣生不如死，请就烹。』于是上乃释布罪，拜为都尉。

丙午，立皇子恢为梁王。丙寅，立皇子友为淮阳王。罢东郡，颇益梁；罢颍川郡，颇益淮阳。

夏，四月，行自洛阳至。

五月，诏立秦南海尉赵佗为南粤王，使陆贾即授玺绶，与剖符通使，使和集百越，无为南边患害。

初，秦二世时，南海尉任嚣病且死，召龙川令赵佗，语曰：『秦为无道，天下苦之时，闻陈胜等作乱，天下未知所安。南海僻远，吾恐盗兵侵地至此，欲兴兵绝新道自备，待诸侯变；会病甚。且番禺负山险，阻南海，③东西数千里，颇有中国人相辅；此亦一州之主也，可以立国。郡中长吏，无足与言者，故召公告之。』即被佗书，行南海尉事。嚣死，佗即移檄告横浦、阳山、湟谿关曰：④『盗兵且至，急绝道，聚兵自守！』因稍以法诛秦所置长吏，以其党为假守。秦已破灭，佗即击并桂林、象郡，自立为南越武王。

陆生至，尉佗魋结、箕倨见陆生。⑤陆生说佗曰：『足下中国人，亲戚、昆弟、坟墓在真定。今足下反天性，弃冠带，欲以区区之越与天子抗衡为敌国，祸且及身矣！且夫秦失其政，诸侯、豪桀并起，唯汉王先入关，据咸阳。项羽倍约，自立为西楚霸王，诸侯皆属，可谓至强。然汉王起巴、蜀，鞭笞天下，遂诛项羽，灭之。五年之间，海内平定。此非人力，天之所建也。天子闻君王王南越，不助天下诛暴逆，将相欲移兵而诛王。天子怜百姓新劳苦，故且休之，遣臣授君王印，剖符通使。君王宜郊迎，北面称臣；乃欲以新造未集之越，屈强于此！汉诚闻之，掘烧王先人冢，夷灭宗族，使一偏将将十万众临越，则越杀王降汉如反覆手耳！』于是尉佗乃蹶然起坐，⑥谢陆生曰：『居蛮夷中久，殊失礼义！』因问陆生曰：『我孰与萧何、曹参、韩信贤？』陆生曰：『王似贤也。』复曰：『我孰与皇帝贤？』陆生曰：『皇帝继五帝、三皇之业，统理中国；中国之人以亿计，地方万里，万物殷富；政由一家，自天地剖判未始有也。今王众不过十万，皆蛮夷，崎岖山海间，譬若汉一郡耳，何乃比于汉！』尉佗大笑曰：『吾不起中国，故王此；使我居中国，何遽不若汉！』乃留陆生与饮。数月，曰：『越中无足与语。至生来，令我日闻所不闻。』赐陆生橐中装直千金，他送亦千金。陆生卒拜尉佗为南越王，令称臣，奉汉约。归报，帝大悦，拜贾为太中大夫。

【注释】①参合：参合县，今山西省阳高县南白登堡。②青衣：青衣县，今四川省名山县北。③番禺：在今广州市。南海：南海郡，今广州市。④横浦：横浦关，今广东省南雄县东北、江西省大余县大庾岭上的梅关。阳山，阳山关，今广东省阳山县东北锣寨岭上。湟溪关，今广东省连县西北。⑤魋结：即椎髻。结：一撮之髻，开关像椎，所以称为椎髻。⑥蹶然起坐：惊恐起身坐着。

陆生时时前说称《诗》《书》，帝骂之曰：『乃公居马上而得之，安事《诗》《书》！』陆生曰：『居马上得之，宁可以马上治之乎？且汤、武逆取而以顺守之；文武并用，长久之术也。昔者吴王夫差、智伯、秦始皇，皆以极武而亡。乡使秦已并天下，[1]行仁义，法先圣，陛下安得而有之！』帝有惭色，曰：『试为我著秦所以失天下、吾所以得之者及古成败之国。』陆生乃粗述存亡之征，凡著十二篇。每奏一篇，帝未尝不称善，左右呼万岁；号其书曰《新语》。

帝有疾，恶见人，卧禁中，诏户者无得入群臣，[2]群臣绛、灌等莫敢入，十余日。舞阳侯樊哙排闼直入，[3]大臣随之。上独枕一宦者卧。哙等见上，流涕曰：『始陛下与臣等起丰、沛，定天下，何其壮也！今天下已定，又何惫也！且陛下病甚，大臣震恐；不见臣等计事，顾独与一宦者绝乎？且陛下独不见赵高之事乎？』帝笑而起。

秋，七月，淮南王布反。

初，淮阴侯死，布已心恐。及彭越诛，醢其肉以赐诸侯。使者至淮南，淮南王方猎，见醢，因大恐，阴令人部聚兵，候伺旁郡警急。布所幸姬病就医，医家与中大夫贲赫对门，赫乃厚馈遗，从姬饮医家；王疑其与乱，欲捕赫。赫乘传诣长安上变，言：『布谋反有端，可先未发诛也。』上读其书，语萧相国，相国曰：『布不宜有此，恐仇怨妄诬之。请系赫，使人微验淮南王。』淮南王布见赫以罪亡上变，固已疑其言国阴事；汉使又来，颇有所验；遂族赫家，发兵反。反书闻，上乃赦贲赫，以为将军。

上召诸将问计，皆曰：『发兵击之，坑竖子耳，何能为乎！』汝阴侯滕公召故楚令尹薛公问之。令尹曰：『是固当反。』滕公曰：『上裂地而封之，疏爵而王之；其反何也？』令尹曰：『往年杀彭越，前年杀韩信；此三人者，同功一体之人也，自疑祸及身，故反耳。』滕公言之上，上乃召见，问薛公，薛公对曰：『布反不足怪也。使布出于上计，山东非汉之有也；出于中计，胜败之数未可知也；出于下计，陛下安枕而卧矣。』上曰：『何谓上计？』对曰：『东取吴，西取楚，并齐，取鲁，传檄燕、赵，固守其所，山东非汉之有也。』『何谓中计？』『东取吴，西取楚，并韩，取魏，据敖仓之粟，塞成皋之口，胜败之数未可知也。』『何谓下计？』『东取吴，西取下蔡，归重于越，身归长沙，陛下安枕而卧，汉无事矣。』上曰：『是计将安出？』对曰：『出下计。』上曰：『何谓废上、中计而出下计？』对曰：『布，故丽山之徒也，自致万乘之主，此皆为身，不顾后、为百姓万世虑者也。故曰出下计。』上曰：『善！』封薛公千户。乃立皇子长为淮南王。

是时，上有疾，欲使太子往击黥布。太子客东园公、绮里季、夏黄公、角里先生说建成侯吕释之曰：『太子将兵，有功则位不益，无功则从此受祸矣。君何不急请吕后，承间为上泣言：「黥布，天下猛将也，善用兵。今诸将皆陛下故等夷，乃令太子将此属，无异使羊将狼，莫肯为用；且使布闻之，则鼓行而西耳！上虽病，强载辎车，卧而护之，诸将不敢不尽力。上虽苦，为妻子自强！」』于是吕释之立夜见吕后。吕后承间为上泣涕而言，如四人意。上曰：『吾惟竖子固不足遣，而公自行耳。』

于是上自将兵而东，群臣居守，皆送至霸上。留侯病，自强起，至曲邮，[4]见上曰：『臣宜从，病甚。楚人剽疾，[5]愿上无与争锋！』因说上令太子为将军，监关中兵。上曰：『子房虽病，强卧而傅太子。』是时，叔孙通为太傅，留侯行少傅事。发上郡、北地、陇西车骑、巴蜀材官及中尉卒三万人为皇太子卫，[6]军霸上。

布之初反，谓其将曰：『上老矣，厌兵，必不能来。使诸将，诸将独患淮阴、彭越，今皆已死，余不足畏也。』故遂反。果如薛公之言，东击荆。荆王贾走死富陵；尽劫其兵，渡淮击楚。楚发兵与战徐、僮间，[7]为三军，欲以相救为奇。[8]或说楚将曰：『布善用兵，民素畏之。且兵法：「诸侯自战其地为散地」，今别为三；彼败吾一军，余皆走，安能相救！』不听。布果破其一军，其二军散走；布遂引兵而西。

【注释】

①乡使：假使以前。②户者：守门户的人。③排闼：推开小门。④曲邮：在今陕西省临潼县东。⑤剽疾：即剽悍轻捷。⑥材官：有材力的官。⑦僮：僮县，今安徽省泗县东北。⑧奇：即奇谲，奇特有计，奇计。

十二年 冬，十月，上与布兵遇于蕲西，布兵精甚。上壁庸城，望布军置陈如项籍军，上恶之。与布相望见，遥谓布曰：『何苦而反？』布曰：『欲为帝耳！』上怒骂之，遂大战。布军败走，渡淮，数止战，不利，与百余人走江南，上令别将追之。

上还，过沛，留，置酒沛宫，悉召故人、父老、诸母、子弟佐酒，道旧故为笑乐。酒酣，上自为歌，起舞，慷慨伤怀，泣数行下，谓沛父兄曰：『游子悲故乡。朕自沛公以诛暴逆，遂有天下；其以沛为朕汤沐邑，复其民，世世无有所与。』乐饮十余日，乃去。

汉别将击英布军洮水南、北，①皆大破之。布故与番君婚，以故长沙成王臣使人诱布，伪欲与亡走越，布信而随之。番阳人杀布兹乡民田舍。

周勃悉定代郡、雁门、云中地，斩陈豨于当城。

上以荆王贾无后，更以荆为吴国。辛丑，立兄仲之子濞为吴王，王三郡、五十三城。

十一月，上过鲁，以太牢祠孔子。

上从破黥布归，疾益甚，愈欲易太子。张良谏不听，因疾不视事。叔孙通谏曰：『昔者晋献公以骊姬之故，废太子，立奚齐，晋国乱者数十年，为天下笑。秦以不蚤定扶苏，令赵高得以诈立胡亥，自使灭祀，此陛下所亲见。

今太子仁孝，天下皆闻之。吕后与陛下攻苦食淡，其可背哉！陛下必欲废适而立少，臣愿先伏诛，以颈血污地！』帝曰：『公罢矣，吾直戏耳！』叔孙通曰：『太子，天下本，本一摇，天下振动；奈何以天下为戏乎！』时大臣固争者多；上知群臣心皆不附赵王，乃止不立。

相国何以长安地狭，上林中多空地，弃，愿令民得入田，毋收稾，为禽兽食。上大怒曰：『相国多受贾人财物，乃为请吾苑！』下相国廷尉，械系之。数日，王卫尉侍，前问曰：『相国何大罪，陛下系之暴也？』上曰：『吾闻李斯相秦皇帝，有善归主，有恶自与。今相国多受贾竖金，而为之请吾苑以媚于民，故系治之。』王卫尉曰：『夫职事苟有便于民而请之，真宰相事；陛下奈何乃疑相国受贾人钱乎？且陛下距楚数岁，陈豨、黥布反，陛下自将而往；当是时，相国守关中，关中摇足，则关以西非陛下有也！相国不以此时为利，今乃利贾人之金乎？且秦以不闻其过亡天下；李斯之分过，又何足法哉！陛下何疑宰相之浅也！』帝不怿。是日，使使持节赦出相国。相国年老，素恭谨，入，徒跣谢。[2]帝曰：『相国休矣！相国为民请苑，吾不许，我不过为桀、纣王，而相国为贤相。吾故系相国，欲令百姓闻吾过也。』

陈豨之反也，燕王绾发兵击其东北。当是时，陈豨使王黄求救匈奴；燕王绾亦使其臣张胜于匈奴，言豨等军破。张胜至胡，故燕王藏荼子衍出亡在胡，见张胜曰：『公所以重于燕者，以习胡事也；燕所以久存者，以诸侯数反，兵连不决也。今公为燕，欲急灭豨等；豨等已尽，次亦至燕，公等亦且为虏矣。公何不令燕且缓陈豨，而与胡和！事宽，得长王燕；即有汉急，可以安国。』张胜以为然，乃私令匈奴助豨等击燕。燕王绾疑张胜与胡反，上书请族张胜。胜还，具道所以为者；燕王乃诈论他人，脱胜家属，使得为匈奴间。而阴使范齐之陈豨所，欲令久亡，连兵勿决。

汉击黥布，豨常将兵居代；汉击斩豨，其裨将降，言燕王绾使范齐通计谋于豨所。帝使使召卢绾，绾称病；上又使辟阳侯审食其、御史大夫赵尧往迎燕王，因验问左右。绾愈恐，闭匿，谓其幸臣曰：『非刘氏而王，独我与长沙耳。往年春，汉族淮阴，夏，诛彭越，皆吕氏计。今上病，属任吕后；吕后妇人，专欲以事诛异姓王者及大功臣。』乃遂称病不行，其左右皆亡匿。语颇泄，辟阳侯闻之，归，具报上，上益怒。又得匈奴降者，言张胜亡在匈奴为燕使。于是上曰：『卢绾果反矣！』春，二月，使樊哙以相国将兵击绾，立皇子建为燕王。

诏曰：『南武侯织，亦粤之世也，立以为南海王。』

上击布时，为流矢所中，行道，疾甚。吕后迎良医。医入见，曰：『疾可治。』上嫚骂之曰：『吾以布衣提三尺取天下，此非天命乎！命乃在天，虽扁鹊何益！』遂不使治疾，赐黄金五十斤，罢之。吕后问曰：『陛下百岁后，萧相国既死，谁令代之？』上曰：『曹参可。』问其次，曰：『王陵可，然少戆，[3]陈平可以助之。陈平知有余，然难独任。周勃重厚少文，然安刘氏者必勃也，可令为太尉。』吕后复问其次，上曰：『此后亦非乃所知也。』夏，四月，甲辰，帝崩于长乐宫。丁未，发丧，大赦天下。

【注释】①洮水：此洮水近长沙。②徒跣：赤脚步行。③戆：愚而刚直。

卢绾与数千人居塞下候伺，幸上疾愈，自入谢。闻帝崩，遂亡入匈奴。

五月，丙寅，葬高帝于长陵。①

初，高祖不修文学，而性明达，好谋，能听，自监门、戍卒，见之如旧。初顺民心作三章之约。天下既定，命萧何次律、令，②韩信申军法，③张苍定章程，④叔孙通制礼仪；又与功臣剖符作誓，丹书、铁契，金匮、石室，藏之宗庙。虽日不暇给，规摹弘远矣。

己巳，太子即皇帝位，尊皇后曰皇太后。

初，高帝病甚，人有恶樊哙，云：『党于吕氏，即一日上晏驾，⑤欲以兵诛赵王如意之属。』帝大怒，用陈平谋，召绛侯周勃受诏床下，曰：『陈平亟驰传载勃代哙将；平至军中，即斩哙头！』二人既受诏，驰传，未至军，行计之曰：『樊哙，帝之故人也，功多，且又吕后弟吕颈之夫，有亲且贵。帝以仇怒故欲斩之，则恐后悔；宁囚而致上，上自诛之。』未至军，为坛，以节召樊哙。哙受诏，即反接，⑥载槛车传诣长安；而令绛侯勃代将，将兵定燕反县。

平行，闻帝崩，畏吕颈谗之于太后，乃驰传先去。逢使者，诏平与灌婴屯荥阳。平受诏，立复驰至宫，哭殊悲；因固请得宿卫中。太后乃以为郎中令，使傅教惠帝。是后吕颈谗乃不得行。樊哙至，则赦，复爵邑。

太后令永巷囚戚夫人，髡钳，衣赭衣，令舂。遣使召赵王如意。使者三反，赵相周昌谓使者曰：『高帝属臣赵王，赵王年少，窃闻太后怨戚夫人，欲召赵王并诛之，臣不敢遣王。王且亦病，不能奉诏。』太后怒，先使人召昌。昌至长安，乃使人复召赵王。王来，未到；帝知太后怒，自迎赵王霸上，与入宫，自挟与起居饮食。太后欲杀之，不得间。

【注释】①长陵：汉高祖墓长陵，今陕西咸阳市东北。②萧何次律：萧何编次律九章，主要摭自秦法，但也根据时宜有所增、损。③韩信申军法：张良、韩信序次兵法书，共采自一百八十二家，存其要用，定著三十五家。④章程：章指历数的章术；程指权衡、尺、斗、斛的平法。程，即法式。⑤晏驾：古代称帝王死的讳辞。⑥反接：反缚两手。

孝景皇帝上①

元年 冬，十月，丞相嘉等奏：『功莫大于高皇帝，德莫盛于孝文皇帝。高皇帝庙，宜为帝者太祖之庙；孝文皇帝庙，宜为帝者太宗之庙。天子宜世世献祖宗之庙，②郡国诸侯宜各为孝文皇帝立太宗之庙。』制曰：『可。』

夏，四月，乙卯，赦天下。

遣御史大夫青至代下与匈奴和亲。

五月，复收民田半租，三十而税一。

初，文帝除肉刑，外有轻刑之名，内实杀人；斩右止者又当死；斩左止者笞五百，当劓者笞三百，率多死。是岁，下诏曰：『加笞、重罪无异；③幸而不死，不可为人。其定律：笞五百曰三百，笞三百曰二百。』

以太中大夫周仁为郎中令，张欧为廷尉，楚元王子平陆侯礼为宗正，中大夫晁错为左内史。仁始为太子舍人，以廉谨得幸。张欧亦事帝于太子宫，虽治刑名家，为人长者，帝由是重之，用为九卿。欧为吏未尝言按人，专以诚长者处官；官属以为长者，亦不敢大欺。

【注释】

①孝景皇帝（公元前188年～公元前141年）：即刘启。汉景帝。文帝中子，公元前157年～公元前141年在位。继续采取与民休息政策，田赋三十税一，重农抑商。公元前154年，平定吴楚七国之乱，巩固了中央集权。在位十七年，社会经济呈现繁荣景象，政治相对安定，海内殷富，府库充实，与其父亲文帝史称『文景之治』。②古人把夺取天下者称为『祖』，治理天下者称为『宗』，但有特别功勋的皇帝祭庙，有时也为『祖』。③重罪：指死刑。

二年 冬，十二月，有星孛于西南。

令天下男子年二十始傅。①

春，三月，甲寅，立皇子德为河间王，阏为临江王，余为淮阳王，非为汝南王，彭祖为广川王，发为长沙王。

夏，四月，壬午，太皇太后薄氏崩。

六月，丞相申屠嘉薨。时内史晁错数请间言事，辄听，宠幸倾九卿，法令多所更定。丞相嘉自绌所言不用，疾错。错为内史，东出不便，更穿一门南出。南出者，太上皇庙堧垣也。②嘉闻错穿宗庙垣，为奏，请诛错。客有语错，错恐，夜入宫上谒，自归上。至朝，嘉请诛内史错。上曰：『错所穿非真庙垣，乃外堧垣，故冗官居其中；③且又我使为之，错无罪。』丞相嘉谢。罢朝，嘉谓长史曰：『吾悔不先斩错乃请之，为错所卖。』至舍，因呕血而死。错以此愈贵。

秋，与匈奴和亲。

八月，丁未，以御史大夫开封侯陶青为丞相。丁巳，以内史晁错为御史大夫。

彗星出东北。

秋，衡山雨雹，④大者五寸，深者二尺。

荧惑逆行守北辰，⑤月出北辰间，岁星逆行天廷中。⑥

梁孝王以窦太后少子故，有宠，王四十余城，居天下膏腴地。赏赐不可胜道，府库金钱且百巨万，珠玉宝器多于京师。筑东苑，方三百余里，广睢阳城七十里，⑦大治宫室，为复道，自宫连属于平台三十余里。⑧招延四方豪俊之士，如吴人枚乘、严忌，⑨齐人羊胜、公孙诡、邹阳，⑩蜀人司马相如之属皆从之游。⑪每入朝，上使使持节以乘舆驷马迎梁王于关下。既至，宠幸无比，入则侍上同辇，出则同车，射猎上林中。因上疏请留，且半岁。梁侍中、郎、谒者著籍引出入天子殿门，与汉宦官无异。

【注释】

①汉初原定男子二十三岁开始服徭役，现提前为二十岁。②太上皇庙：指刘邦父亲刘执嘉的祭庙，位于长安香室街南，冯翊府北。堧垣：城郭旁的空地。③冗官：多余之官。④衡山：郡、国名。以境内包衡山（今安徽霍山）周围得名。治所在邾（今湖北黄冈西北）。⑤荧惑：即火星。北辰：即北极星。⑥岁星：即木星。天廷：即太微星座。古人认为，北极星和太微星座，象征地上君王之位，尊严不可侵犯。如果有其他星体接近、穿过或进入，显示将有犯上作乱的事件。⑦睢阳城：今河南商丘县南。⑧平台：位于睢阳城东北，离宫所在。⑨枚乘：西汉辞赋家。字叔，今江苏清江西人。严忌：西汉文士，本姓庄，《汉书》避汉明帝讳，改为严。⑩羊胜：西汉文士。今山东东部人。

公孙诡：西汉文士，齐人。吴楚七国乱后，梁孝王招延四方文士，他与羊胜、邹阳等皆游于梁。孝王怨袁盎等阻止景帝立自己为嗣，就与公孙诡和羊胜合谋，刺杀袁盎等议臣十余人。后景帝遣使至梁捕之，他和羊胜都被迫自杀。邹阳（公元前206年~公元前129年）：西汉文学家。今山东淄博东人。景帝时，与枚乘、严忌等仕吴，以文辩知名。

⑪司马相如（公元前179年~公元前117年）：西汉辞赋家，字长卿，蜀郡成都人，慕蔺相如之为人，故更名相如。景帝时，为武骑常侍，后称病免官离去，在临邛得到寡妇卓文君的喜爱，与之私奔成都，后因家贫，又返回临邛卖酒为生，文君父卓王孙分与钱百万、僮百人，成为富人。武帝好其辞赋，召至长安，任为郎、孝文园令。有《子虚》《上林》等赋，词藻瑰丽，汉、魏文人多仿之。

孝景皇帝下

前三年　冬，十月，梁王来朝。时上未置太子，与梁王宴饮，从容言曰：『千秋万岁后传于王。』王辞谢，虽知非至言，然心内喜，太后亦然。詹事窦婴引卮酒进上曰：①『天下者，高祖之天下，父子相传，汉之约也，上何以得传梁王！』太后由此憎婴。婴因病免；太后除婴门籍，②不得朝请。梁王以此益骄。

春，正月，乙巳，赦。

长星出西方。

洛阳东宫灾。③

初，孝文时，吴太子入见，得侍皇太子饮、博。吴太子博争道，不恭；皇太子引博局提吴太子，杀之。遣其丧归葬，至吴，吴王愠曰：『天下同宗，死长安即葬长安，何必来葬为！』复遣丧之长安葬。吴王由此稍失藩臣之礼，称疾不朝。京师知其以子故，系治、验问吴使者；吴王恐，始有反谋。后使人为秋请，④文帝复问之，使者对曰：『王实不病；汉系治使者数辈，吴王恐，以故遂称病。夫察见渊中鱼不祥，⑤唯上弃前过，与之更始。』于是文帝乃赦吴使者，归之，而赐吴王几杖，老，不朝。吴得释其罪，谋亦益解。然其居国，以铜、盐故，百姓无赋；卒践更，辄予平贾；⑥岁时存问茂材，赏赐闾里；他郡国吏欲来捕亡人者，公共禁弗予。如此者四十余年。

晁错数上书言吴过，可削；文帝宽，不忍罚，以此吴日益横。及帝即位，错说上曰：『昔高帝初定天下，昆弟少，诸子弱，大封同姓，齐七十余城，楚四十余城，吴五十余城；封三庶孽，分天下半。今吴王前有太子之郄，诈称病不朝，于古法当诛。文帝弗忍，因赐几杖，德至厚，当改过自新，反益骄溢，即山铸钱，煮海水为盐，诱天下亡人谋作乱。今削之亦反，不削亦反。削之，其反亟，祸小；不削，反迟，祸大。』上令公卿、列侯、宗室杂议，莫敢难；独窦婴争之，由此与错有郄。及楚王戊来朝，错因言：『戊往年为薄太后服，私奸服舍，请诛之。』诏赦，削东海郡。⑦及前年，赵王有罪，削其常山郡；⑧胶西王卬以卖爵事有奸，削其六县。

廷臣方议削吴。吴王恐削地无已，因发谋举事。念诸侯无足与计者，闻胶西王勇，好兵，诸侯皆畏惮之，于是使中大夫应高口说胶西王曰：『今者主上任用邪臣，听信谗贼，侵削诸侯，诛罚良重，日以益甚。语有之曰：「狧糠及米。」吴与胶西，知名诸侯也，一时见察，不得安肆矣。吴王身有内疾，不能朝请二十余年，常患见疑，无以自白，胁肩累足，犹惧不见释。窃闻大王以爵事有过。所闻诸侯削地，罪不至此；此恐不止削地而已。』王曰：『有之。子将奈何？』高曰：『吴王自以与大王同忧，愿因时循理，弃躯以除患于天下，意亦可乎？』胶西王瞿然骇曰：『寡人何敢如是！王上虽急，固有死耳，安得不事！』高曰：『御史大夫晁错，营惑天子，侵夺诸侯，朝廷疾怨，诸侯皆有背叛之意，人事极矣。彗星出，蝗虫起，此万世一时；而愁劳，圣人所以起也。吴王内以晁错为诛，外从大王后车，方洋天下，所向者降，所指者下，莫敢不服。大王诚幸而许之一言，则吴王率楚王略函谷关，守荥阳、敖仓之粟，[9]距汉兵，治次舍，须大王。大王幸而临之，则天下可并，两主分割，不亦可乎！』王曰：『善！』归，报吴王，吴王犹恐其不果，乃身自为使者，至胶西面约之。胶西群臣或闻王谋，谏曰：『诸侯地不能当汉十二，为叛逆以忧太后，非计也。今承一帝，尚云不易；假令事成，两主分争，患乃益生。』王不听，遂发使约齐、菑川、[10]胶东、济南，皆许诺。

初，楚元王好书，[11]与鲁申公、穆生、白生俱受《诗》于浮丘伯；及王楚，以三人为中大夫。穆生不耆酒；元王每置酒，常为穆生设醴。[12]及子夷王、孙王戊即位，常设，后乃忘设焉。穆生退，曰：『可以逝矣！醴酒不设，王之意怠；不去，楚人将钳我于市。』遂称疾卧。申公、白生强起之，曰：『独不念先王之德与！今王一旦失小礼，何足至此！』穆生曰：『《易》称：「知幾其神乎！幾者，动之微，吉凶之先见者也。君子见幾而作，不俟终日。」先王之所以礼吾三人者，为道存也。今而忽之，是忘道也。忘道之人，胡可与久处，岂为区区之礼哉！』遂谢病去。申公、白生独留。王戊稍淫暴，太傅韦孟作诗讽谏，不听，亦去，居于邹。戊因坐削地事，遂与吴通谋。申公、白生谏戊，戊胥靡之，衣之赭衣，使雅舂于市。休侯富使人谏王。王曰：『季父不吾与，我起，先取季父矣！』休侯惧，乃与母太夫人奔京师。

及削吴会稽、豫章郡书至，[13]吴王遂先起兵，诛汉吏二千石以下；胶西、胶东、菑川、济南、楚、赵亦皆反。楚相张尚、太傅赵夷吾谏王戊，戊杀尚、夷吾。赵相建德、内史王悍谏王遂，遂烧杀建德、悍。齐王后悔，背约城守。济北王城坏未完，其郎中令劫守，王不得发兵。胶西王、胶东王为渠率，与菑川、济南共攻齐，围临菑。赵王遂发兵住其西界，欲待吴、楚俱进，北使匈奴与连兵。吴王悉其士卒，下令国中曰：『寡人年六十二，身自将；少子年十四，亦为士卒先。诸年上与寡人同，下与少子等，皆发。』凡二十余万人。南使闽、东越，闽、东越亦发兵从。吴王起兵于广陵，西涉淮，因并楚兵，发使遗诸侯书，罪状晁错，欲合兵诛之。吴、楚共攻梁，破棘壁，杀数万人；乘胜而前，锐甚。梁孝王遣将军击之，又败梁两军，士卒皆还走。梁王城守睢阳。

初，文帝且崩，戒太子曰：『即有缓急，周亚夫真可任将兵。』及七国反书闻，上乃拜中尉周亚夫为太尉，将三十六将军往击吴、楚，遣曲周侯郦寄击赵，将军栾布击齐；[14]复召窦婴，拜为大将军，使屯荥阳监齐、赵兵。

初，晁错所更令三十章，诸侯喧哗。错父闻之，从颍川来，谓错曰：『上初即位，公为政用事，侵削诸侯，疏人骨肉，口语多怨，公何为也？』错曰：『固也。不如此，天子不尊，宗庙不安。』父曰：『刘氏安矣而晁氏危，吾去公归矣！』遂饮药死，曰：『吾不忍见祸逮身！』后十余日，吴、楚七国俱反，以诛错为名。

上与错议出军事，错欲令上自将兵而身居守；又言：『徐、僮之旁吴所未下者，可以予吴。』错素与吴相袁盎不善，[15]错所居坐，盎辄避；盎所居坐，错亦避；两人未尝同堂语。及错为御史大夫，使吏按盎受吴王财物，抵罪；诏赦以为庶人。吴、楚反，错谓丞、史曰：『袁盎多受吴王金钱，专为蔽匿，言不反；今果反，欲请治盎宜知其计谋。』丞、史曰：『事未发，治之有绝；今兵西向，治之何益！且盎不宜有谋。』错犹与未决。人有告盎，盎恐，夜见窦婴，为言吴所以反，愿至前，口对状。婴入言，上乃召盎。盎入见，上方与错调兵食。上问盎：『今吴、楚反，于公意何如？』对曰：『不足忧也！』上曰：『吴王即山铸钱，煮海为盐，诱天豪杰；白头举事，此其计不百全，岂发乎！何以言其无能为也？』对曰：『吴铜盐之利则有之，安得豪杰而诱之！诚令吴得豪杰，亦且辅而为谊，不反矣。吴所诱皆亡赖子弟、亡命、铸钱奸人，故相诱以乱。』错曰：『盎策之善。』上曰：『计安出？』盎对曰：『愿屏左右。』上屏人，独错在。盎曰：『臣所言，人臣不得知。』乃屏错。错趋避东厢，甚恨。上卒问盎，对曰：『吴、楚相遗书，言高皇帝王子弟各有分地，今贼臣晁错擅谪诸侯，削夺之地，以故反，欲西共诛错，复故地而罢。方今计独有斩错，发使赦吴、楚七国，复其故地，则兵可毋血刃而俱罢。』于是上默然良久，曰：『顾诚何如？吾不爱一人以谢天下。』盎曰：『愚计出此，唯上孰计之！』乃拜盎为太常，密装治行。后十余日，上令丞相青、中尉嘉、廷尉欧劾奏错：『不称主上德信，欲疏群臣、百姓，又欲以城邑予吴，无臣子礼，大逆无道。错当要斩，父母、妻子、同产无少长皆弃市。』制曰：『可。』错殊不知。壬子，上使中尉召错，绐载行市，错衣朝衣斩东市。上乃使袁盎与吴王弟子宗正德侯通使吴。

谒者仆射邓公为校尉，上书言军事，见上，上问曰：『道军所来，闻晁错死，吴、楚罢不？』邓公曰：『吴为反数十岁矣；发怒削地，以诛错为名，其意不在错也。且臣恐天下之士拑口不敢复言矣。』上曰：『何哉？』邓公曰：『夫晁错患诸侯强大不可制，故请削之以尊京师，万世之利也。计划始行，卒受大戮。内杜忠臣之口，外为诸侯报仇，臣窃为陛下不取也。』于是帝喟然长息曰：『公言善，吾亦恨之！』

袁盎、刘通至吴，吴、楚兵已攻梁壁矣。宗正以亲故，先入见，谕吴王，令拜受诏。吴王闻袁盎来，知其欲说，笑而应曰：『我已为东帝，尚谁拜！』不肯见盎，而留军中，欲劫使将；盎不肯，使人围守，且杀之。盎得间，脱亡归报。

太尉亚夫言于上曰：『楚兵剽轻，难与争锋，愿以梁委之，绝其食道，乃可制也。』上许之。亚夫乘六乘传，将会兵荥阳。发至霸上，赵涉庶说亚夫曰：『吴王素富，怀辑死士久矣。此知将军且行，必置间人于殽、渑阨狭之间；且兵事上神密，将军何不从此右去，走蓝田，[16]出武关，[17]抵洛阳！间不过差一二日，直入武库，击鸣鼓。诸侯闻之，以为将军从天而下也。』太尉如其计，至洛阳，喜曰：『七国反，吾乘传至此，不自意全。今吾据荥阳，荥阳以东，无足忧者。』使吏搜殽、渑间，果得吴伏兵。乃请赵涉为护军。

太尉引兵东北走昌邑。[18]吴攻梁急，梁数使使条侯求救，条侯不许。又使使诉条侯于上。上使告条侯救梁，亚夫不奉诏，坚壁不出；而使弓高侯等将轻骑兵出淮泗口，[19]绝吴、楚兵后，塞其饟道。梁使中大夫韩安国及楚相尚弟羽为将军；羽力战，安国持重，乃得颇败吴兵。吴兵欲西，梁城守，不敢西；即走条侯军，会下邑，欲战。条侯坚壁不肯战；吴粮绝卒饥，数挑战，终不出。条侯军中夜惊，内相攻击，扰乱至帐下，亚夫坚卧不起，顷之，复定。吴奔壁东南陬，亚夫使备西北；已而其精兵果奔西北，不得入。吴、楚士卒多饥死叛散，乃引而去。二月，亚夫出精兵追击，大破之。吴王濞弃其军，与壮士数千人夜亡走；楚王戊自杀。

吴王之初发也，吴臣田禄伯为大将军。田禄伯曰：『兵屯聚而西，无它奇道，难以立功。臣愿得五万人，别循江、淮而上，收淮南、长沙，入武关，与大王会，此亦一奇也。』吴王太子谏曰：『王以反为名，此兵难以借人，人亦且反王，奈何？且擅兵而别，多它利害，徒自损耳！』吴王即不许田禄伯。

吴少将桓将军说王曰：『吴多步兵，步兵利险；汉多车骑，车骑利平地，愿大王所过城不下，直去，疾西据洛阳武库，食敖仓粟，阻山河之险以令诸侯，虽无入关，天下固已定矣。大王徐行留下城邑，汉军车骑至，驰入梁、楚之郊，事败矣。』吴王问诸老将，老将曰：『此年少，椎锋可耳，安知大虑！』于是王不用桓将军计。

王专并将兵。兵未度淮，诸宾客皆得为将、校尉、候、司马，独周丘不用。周丘者，下邳人，亡命吴，酤酒无行；王薄之，不任。周丘乃上谒，说王曰：『臣以无能，不得待罪行间。臣非敢求有所将也，愿请王一汉节，必有以报。』王乃予之。周丘得节，夜驰入下邳；下邳时闻吴反，皆城守。至传舍，召令入户，使从者以罪斩令，遂召昆弟所善豪吏告曰：『吴反，兵且至，屠下邳不过食顷；今先下，家室必完，能者封侯矣。』出，乃相告，下邳皆下。周丘一夜得三万人，使人报吴王，遂将其兵北略城邑；比至阳城，兵十余万，破阳城中尉军；闻吴王败走，自度无与共成功，即引兵归下邳，未至，疽发背死。

【注释】

①窦婴：西汉大臣。字王孙，今河北武邑东人。窦太后侄，景帝时为大将军。吴楚七国反时，他守荥阳，监齐、赵兵。乱平后，以功封魏其侯。武帝时任丞相，后为窦太后贬斥，不久又因罪被杀。卮：古代盛酒的杯子。②门籍：出入宫殿门之籍。③东宫：指刘邦早先在洛阳居住时，修筑宫室，有东宫、南宫、北宫。④秋请：封国国君，每年春秋二季，定期到长安晋见皇帝，春季称『朝』，秋季称『请』。⑤察见渊中鱼不祥：比喻皇帝不应打听臣属的隐私，否则臣属恐惧过度，必将生变。⑥汉朝规定：不愿当兵的人，可以出钱雇人代替，或把钱缴给政府，由政府招募。刘濞为了收买人心，对于当兵的人，均由刘濞出钱雇用。⑦东海郡：今山东郯城北。⑧常山郡：今河北元氏县。⑨敖仓：秦代所置谷仓。今河南荥阳北敖山上。地当黄河和济水分流处。中原漕粮集中于此，再西运关中，北输边塞，是当时最重要的粮仓。楚、汉相争时，刘邦夺取此仓，以供军需。汉、魏均仍在此设仓。⑩菑川：郡国名，今山东寿光县。⑪楚元王：即刘交，西汉皇族，刘邦同父弟。好读书，多才艺。少时尝受《诗》于荀卿门人浮丘伯。秦末从刘邦起兵，入关后封文信君，后随刘邦转战各地。公元前201年封楚王。⑫醴：甜酒，少曲多米，酿二宿而熟。⑬会稽：今江苏苏州市。豫章郡：今南昌市。⑭栾布：西汉将领。梁人，彭越在巨野起兵，他为人所略卖，为奴于燕。燕王臧荼任他为将。及臧荼反，汉击燕，他被俘。后被彭越赎回，为梁大夫。不久，彭越被诛，令不准收视，他独收而哭之。刘邦壮其义，任为都尉。文帝时，为燕相，至将军，以功封俞侯。⑮袁盎：西汉大臣，历任中郎将、西都尉，后为

齐相、吴相。景帝即位，御史大夫晁错使吏告发他受吴王财物，获罪，赦为庶人。吴楚反，错欲请治其罪。他得悉后，夜见窦婴，托婴求见景帝，劝景帝『斩错以谢吴』。吴楚破后，拜为楚相，病免家居。后梁孝王怨他阻景帝立己为嗣，使人将他刺杀于安陵门外。⑯蓝田：地名，今陕西商县西北。⑰武关：地名，今陕西丹凤东南。⑱昌邑：古县名。今山东巨野东南。⑲弓高侯：韩信的儿子韩颓当被封弓高侯。

壬午晦，日有食之。

吴王之弃军亡也，军遂溃，往往稍降太尉条侯及梁军。吴王渡淮，走丹徒，①保东越，兵可万余人，收聚亡卒。汉使人以利啖东越，东越即给吴王出劳军，使人鏦杀吴王，②盛其头，驰传以闻。吴太子驹亡走闽越。吴、楚反，凡三月，皆破灭，于是诸将乃以太尉谋为是；然梁王由此与太尉有隙。

三王之围临菑也，齐王使路中大夫告于天子。③天子复令路中大夫还报，告齐王坚守，『汉兵今破吴楚矣。』路中大夫至，三国兵围临菑数重，无从入。三国将与路中大夫盟曰：『若反言：「汉已破矣，齐趣下三国，不，且见屠。」』路中大夫既许，至城下，望见齐王曰：『汉已发兵百万，使太尉亚夫击破吴、楚，方引兵救齐，齐必坚守无下！』三国将诛路中大夫。齐初围急，阴与三国通谋，约未定；会路中大夫从汉来，其大臣乃复劝王无下三国。会汉将栾布、平阳侯等兵至齐，击破三国兵。解围已，后闻齐初与三国有谋，将欲移兵伐齐。齐孝王惧，饮药自杀。

胶西、胶东、菑川王各引兵归国。胶西王徒跣、席藁、饮水谢太后。④王太子德曰：『汉兵还，臣观之，已罢，可袭，愿收王余兵击之！不胜而逃入海，未晚也。』王曰：『吾士卒皆已坏，不可用。』弓高侯韩颓当遗胶西王书曰：『奉诏诛不义，降者赦除其罪，复故；不降者灭之。王何处？须以从事。』王肉袒叩头，诣汉军壁谒曰：『臣卬奉法不谨，惊骇百姓，乃苦将军远道至于穷国，敢请菹醢之罪！』弓高侯执金鼓见之曰：『王苦军事，愿闻王发兵状。』王顿首膝行，对曰：『今者晁错天子用事臣，变更高皇帝法令，侵夺诸侯地。卬等以为不义，恐其败乱天下，七国发兵且诛错。今闻错已诛，卬等谨已罢兵归。』将军曰：『王苟以错为不善，何不以闻？及未有诏、虎符，擅发兵击义国？以此观之，意非徒欲诛错也。』乃出诏书，为王读之，曰：『王其自图！』王曰：『如卬等死有余罪！』遂自杀，太后、太子皆死。胶东王、菑川王、济南王皆伏诛。

郦将军兵至赵，赵王引兵还邯郸城守。郦寄攻之，七月不能下。匈奴闻吴、楚败，亦不肯入边。栾布破齐还，并兵引水灌赵城。城坏，王遂自杀。

帝以齐首善，以迫劫有谋，非其罪也，召立齐孝王太子寿，是为懿王。

济北王亦欲自杀，幸全其妻子。齐人公孙玃谓济北王曰：『臣请试为大王明说梁王，通意天子；说而不用，死未晚也。』公孙玃遂见梁王曰：『夫济北之地，东接强齐，南牵吴、越，北胁燕、赵。此四分五裂之国。权不足以自守，劲不足以扞寇，又非有奇怪云以待难也；虽坠言于吴，非其正计也。乡使济北见情实，示不从之端，则吴必先历齐，毕济北，招燕、赵而总之，如此，则山东之从结而无隙矣。今吴王连诸侯之兵，驱白徒之众，西与天子争衡，济北独底节不下；使吴失与而无助，跬步独进，瓦解土崩，破败而不救者，未必非济北之力也。夫以区区之济北而与诸侯争强，是以羔犊之弱而扞虎狼之敌也。守职不桡，可谓诚一矣。功义如此，尚见疑于上，胁肩低首，累足抚衿，使有自悔不前之心，非社稷之利也。臣恐藩臣守职者疑之。臣窃料之，能历西山，径长乐，抵未央，攘袂而正议者，独大王耳。上有全亡之功，下有安百姓之名，德沦于骨髓，恩加于无穷，愿大王留意详惟之。』孝王大悦，使人驰以闻；济北王得不坐，徙封于菑川。

河间王太傅卫绾击吴、楚有功，⑤拜为中尉。绾以中郎将事文帝，醇谨无它。上为太子时，召文帝左右饮，而绾称病不行。文帝且崩，属上曰：『绾长者，善遇之。』故上亦宠任焉。

夏，六月，乙亥，诏：『吏民为吴王濞等所诖误当坐及逋逃亡军者，皆赦之。』

帝欲以吴王弟德哀侯广之子续吴，以楚元王子礼续楚。窦太后曰：『吴王，老人也，宜为宗室顺善；今乃首率七国纷乱天下，奈何续其后！』不许吴，许立楚后。乙亥，徙淮阳王余为鲁王；南王非为江都王，⑥王故吴地；立宗正礼为楚王；立皇子端为胶西王，胜为中山王。⑦

四年 春，复置关，用传出入。

夏，四月，己巳，立子荣为皇太子，彻为胶东王。

六月，赦天下。

秋，七月，临江王阏薨。

冬，十月，戊戌晦，日有食之。

初，吴、楚七国反，吴使者至淮南，淮南王欲发兵应之。其相曰：『王必欲应吴，臣愿为将。』王乃属之。相已将兵，因城守，不听王而为汉，汉亦使曲城侯将兵救淮南，以故得完。

吴使者至庐江，[8]庐江王不应，而往来使越。至衡山，衡山王坚守无二心。及吴、楚已破，衡山王入朝。上以为贞信，劳苦之，曰：『南方卑湿。』徙王王于济北以褒之。庐江王以边越，数使使相交，徙为衡山王，王江北。

五年 春，正月，作阳陵邑。夏，募民徙阳陵，[9]赐钱二十万。

遣公主嫁匈奴单于。

徙广川王彭祖为赵王。

济北贞王勃薨。

【注释】①丹徒：古县名，今江苏镇江市东南丹徒镇。②钑：古兵器，短矛。③中大夫：官名，掌对国君顾问应答。④徒跣、席藁、饮水：三者都是古时罪犯的待遇，用此表示自责。⑤河间：郡、国名。今河北省献县。⑥江都：位于今扬州一带。⑦中山：郡、国名，今河北定县。⑧庐江：今安徽庐江西南。⑨阳陵：古县名。今陕西高陵西南。

六年 冬，十二月，雷，霖雨。

初，上为太子，薄太后以薄氏女为妃；及即位，为皇后，无宠。秋，九月，皇后薄氏废。

楚文王礼薨。

初，燕王臧荼有孙女曰臧儿，嫁为槐里王仲妻，[1]生男信与两女而仲死；更嫁长陵田氏，[2]生男蚡、胜。文帝时，臧儿长女为金王孙妇，生女俗。臧儿卜筮之，曰：『两女皆当贵。』臧儿乃夺金氏妇，金氏怒，不肯予决；内之太子宫，生男彻。[3]彻方在身时，王夫人梦日入其怀。及帝即位，长男荣为太子。其母栗姬，齐人也。长公主嫖欲以女嫁太子，栗姬以后宫诸美人皆因长公主见帝，故怒而不许；长公主欲与王夫人男彻，王夫人许之。由是长公主日谗栗姬而誉王夫人男之美；帝亦自贤之，又有曩者所梦日符，计未有所定。王夫人知帝嗛栗姬，因怒未解，阴使人趣大行请立栗姬为皇后。帝怒曰：『是而所宜言邪！』遂按诛大行。

七年 冬，十一月，己酉，废太子荣为临江王。太子太傅窦婴力争不能得，乃谢病免。栗姬恚恨而死。④

庚寅晦，日有食之。

二月，丞相陶青免。乙巳，太尉周亚夫为丞相。罢太尉官。

夏，四月，乙巳，立皇后王氏。

丁巳，立胶东王彻为皇太子。

是岁，以太仆刘舍为御史大夫，⑤济南太守郅都为中尉。始，都为中郎将，敢直谏。尝从入上林，贾姬如厕，野彘卒来入厕。上目都，都不行；上欲自持兵救贾姬。都伏上前曰：『亡一姬，复一姬进，天下所少，宁贾姬等乎！陛下纵自轻，奈宗庙、太后何！』上乃还，彘亦去。太后闻之，赐都金百斤，由此重都。都为人，勇悍公廉，不发私书，问遗无所受，请谒无所听。及为中尉，先严酷，行法不避贵戚。列侯、宗室见都，侧目而视，号曰『苍鹰』。

中元年 夏，四月，乙巳，赦天下。

地震。衡山原都雨雹，大者尺八寸。

二年 春，二月，匈奴入燕。

【注释】

①槐里：古县名，今陕西兴平东南。②长陵：古县名。今咸阳市东北。③彻：刘彻（公元前156年～公元前87年），西汉皇帝。公元前141年～公元前87年在位。景帝之子。年四岁为胶东王，七岁立为皇太子，十六岁即位。在位期间，在政治上继续削弱王国的割据势力，打击豪强。思想上采纳董仲舒『罢黜百家，独尊儒术』的建议，借以巩固中央集权。经济上将冶铁、煮盐收归官营，以充实国家经济实力；由政府直接经营运输和贸易，以平稳物价；又治理黄河，大量移民至边境屯田。军事上连续发动大规模反击匈奴的战争，解除了匈奴对边境诸郡的威胁。在位五十四年，将汉朝推至全盛时期。其统治后期，徭役、兵役不断增加，致使大批农民破产流亡。谥武帝。④恚：恼恨、发怒。⑤刘舍：高祖刘邦的功臣桃安侯刘襄的儿子，襄本姓项，刘邦赐姓刘。

三月，临江王荣坐侵太宗庙壖垣为宫，征诣中尉府对簿。临江王欲得刀笔，[1]为书谢上，而中尉郅都禁吏不予；魏其侯使人间与临江王。临江王既为书谢上，因自杀。窦太后闻之，怒，后竟以危法中都而杀之。

夏，四月，有星孛于西北。

立皇子越为广川王，寄为胶东王。

秋，九月，甲戌晦，日有食之。

初，梁孝王以至亲有功，得赐天子旌旗。从千乘万骑，出跸入警。王宠信羊胜、公孙诡，以诡为中尉。胜、诡多奇邪计，欲使王求为汉嗣。栗太子之废也，太后意欲以梁王为嗣，尝因置酒谓帝曰：『安车大驾，用梁王为寄。』帝跪席举身曰：『诺。』罢酒，帝以访诸大臣，大臣袁盎等曰：『不可。昔宋宣公不立子而立弟，以生祸乱，五世不绝。[2]小不忍，害大义，故《春秋》大居正。』由是太后议格，遂不复言。王又尝上书：『愿赐容车之地，径至长乐宫，自梁国士众筑作甬道朝太后。』袁盎等皆建以为不可。

梁王由此怨袁盎及议臣，乃与羊胜、公孙诡谋，阴使人刺杀袁盎及他议臣十余人。贼未得也，于是天子意梁；逐贼，果梁所为。上遣田叔、吕季主往按梁事，捕公孙诡、羊胜；诡、胜匿王后宫，使者十余辈至梁，责二千石急。梁相轩丘豹及内史韩安国以下举国大索，[3]月余弗得。安国闻诡、胜匿王所，乃入见王而泣曰：『主辱者臣死。大王无良臣，故纷纷至此。今胜、诡不得，请辞，赐死！』王曰：『何至此！』安国泣数行下，曰：『大王自度于皇帝，孰与临江王亲？』王曰：『弗如也。』安国曰：『临江王适长太子，以一言过，废王临江；用宫垣事，卒自杀中尉府。何者？治天下终不用私乱公。今大王列在诸侯，訹邪臣浮说，犯上禁，桡明法。天子以太后故，不忍致法于大王；太后日夜涕泣，幸大王自改，大王终不觉寤。有如太后宫车即晏驾，大王尚谁攀乎？』语未卒，王泣数行而下，谢安国曰：『吾今出胜、诡。』王乃令胜、诡皆自杀，出之。上由此怨望梁王。

梁王恐，使邹阳入长安，见皇后兄王信说曰：『长君弟得幸于上，后宫莫及；而长君行迹多不循道理者。今袁盎事即究竟，梁王伏诛，太后无所发怒，切齿侧目于贵臣，窃为足下忧之。』长君曰：『为之奈何？』阳曰：『长君诚能精为上言之，得毋竟梁事；长君必固自结于太后，太后厚德长君入于骨髓，而长君之弟幸于两宫，[4]金城之固也。昔者舜之弟象，日以杀舜为事，及舜立为天子，封之于有卑。夫仁人之于兄弟，无藏怒，无宿怨，厚亲爱而已。

是以后世称之。以是说天子，徼幸梁事不奏。』长君曰：『诺。』乘间入言之。帝怒稍解。

是时，太后忧梁事不食，日夜泣不止，帝亦患之。会田叔等按梁事来还，至霸昌厩，取火悉烧梁之狱辞，空手来见帝。帝曰：『梁有之乎？』叔对曰：『死罪。有之。』上曰：『其事安在？』田叔曰：『上毋以梁事为问也。』上曰：『何也？』曰：『今梁王不伏诛，是汉法不行也；伏法而太后食不甘味，卧不安席，此忧在陛下也。』上大然之，使叔等谒太后，且曰：『梁王不知也。造为之者，独在幸臣羊胜、公孙诡之属为之耳，谨已伏诛死，梁王无恙也。』太后闻之，立起坐餐，气平复。

梁王因上书请朝。既至关，茅兰说王，使乘布车，从两骑入，匿于长公主园。汉使使迎王，王已入关，车骑尽居外，不知王处。太后泣曰：『帝果杀吾子！』帝忧恐。于是梁王伏斧质于阙下谢罪。⑤太后、帝大喜，相泣，复如故，悉召王从官入关。然帝益疏王，不与同车辇矣。帝以田叔为贤，擢为鲁相。

【注释】

①刀笔：汉代著书于竹板上，写字不用笔，而是用刀刻在竹板上，故称这种刻刀为『刀笔』。②据《春秋传》记载：宋宣公不传位给自己的儿子与夷，而传位给自己的弟弟，是为穆公；穆公也不传位给自己的儿子冯，而传位给与夷，其后冯和与夷争位，宋国大乱。③韩安国：西汉将领，大臣。初事梁孝王为中大夫。公元前154年，吴楚七国反，他与张羽为将，击退吴、楚。建元中，武帝闻其贤，召为北地都尉，迁大司农，后为御史大夫。元光二年（公元前133年），统帅三十万大军在马邑伏击匈奴。元朔三年（公元前126年），为材官将军，屯于渔阳。曾得匈奴俘虏，供言匈奴远去，遂上书罢军屯。月余，匈奴大入上谷、渔阳，他兵败，徙屯右北平，郁郁而终。④两宫：指太后宫和帝宫。⑤阙：皇宫门前两边的望楼，泛指帝王的住所。此指未央宫北阙下，这里是臣僚奏事和谒见的地方。

三年 冬，十一月，罢诸侯御史大夫官。

夏，四月，地震。

旱，禁酤酒。①

三月，丁巳，立皇子乘为清河王。②

秋，九月，蝗。

有星孛于西北。③

戊戌晦，日有食之。

初，上废栗太子，周亚夫固争之，不得；上由此疏之。而梁孝王每朝，常与太后言条侯之短。窦太后曰：『皇后兄王信可侯也。』帝让曰：『始，南皮、章武，④先帝不侯，及臣即位乃侯之；信未得封也。』窦太后曰：『人生各以时行耳。自窦长君在时，竟不得侯，死后，其子彭祖顾得侯，吾甚恨之！帝趣侯信也。』帝曰：『请得与丞相议之。』上与丞相议。亚夫曰：『高皇帝约：「非刘氏不得王，非有功不得侯。」今信虽皇后兄，无功，侯之，非约也。』帝默然而止。其后匈奴王徐庐等六人降，帝欲侯之以劝后。丞相亚夫曰：『彼背主降陛下，陛下侯之，则何以责人臣不守节者乎？』帝曰：『丞相议不可用。』乃悉封徐庐等为列侯。亚夫因谢病。九月，戊戌，亚夫免；以御史大夫桃侯刘舍为丞相。

四年 夏，蝗。

冬，十月，戊午，日有食之。

五年 夏，立皇子舜为常山王。⑤

六月，丁巳，赦天下。

大水。

秋，八月，己酉，未央宫东阙灾。

九月，诏：『诸狱疑，若虽文致于法，而于人心不厌者，辄谳之。』

地震。

六年 冬，十月，梁王来朝，上疏欲留；上弗许。⑥王归国，意忽忽不乐。

十二月，改诸廷尉、将作等官名。⑦

春，二月，乙卯，上行幸雍，郊五畤。⑧

三月，雨雪。

夏，四月，梁孝王薨。窦太后闻之，哭极哀，不食，曰：『帝果杀吾子！』帝哀惧，不知所为；与长公主计之，乃分梁为五国，尽立孝王男五人为王：实为梁王，明为济川王，彭离为济东王，定为山阳王，不识为济阴王；⑨女五人皆食汤沐邑。奏之太后，太后乃说，为帝加一餐。孝王未死时，财以巨万计，及死，藏府余黄金尚四十余万斤。他物称是。

上既减笞法，笞者犹不全；乃更减笞三百曰二百，笞二百曰一百。又定棰令：⑩棰长五尺，其本大一寸，竹也；末薄半寸，皆平其节。当笞得笞臀；毕一罪，乃更人。自是笞者得全。然死刑既重而生刑又轻，民易犯之。

六月，匈奴入雁门，至武泉，入上郡，取苑马。⑪吏卒战死者二千人。陇西李广为上郡太守，尝从百骑出，卒遇匈奴数千骑。见广，以为诱骑，皆惊，上山陈。广之百骑皆大恐，欲驰还走。广曰：『吾去大军数十里，今如此以百骑走，匈奴追射我立尽。今我留，匈奴必以我为大军之诱，必不敢击我。』广令诸骑曰：『前！』未到匈奴阵二里所，止，令曰：『皆下马解鞍！』其骑曰：『虏多且近，即有急，奈何？』广曰：『彼虏以我为走；今皆解鞍以示不走，用坚其意。』于是胡骑遂不敢击。有白马将出，护其兵；李广上马，与十余骑奔，射杀白马将而复还，至其骑中解鞍，令士皆纵马卧。是时会暮，胡兵终怪之，不敢击。夜半时，胡兵亦以为汉有伏军于旁，欲夜取之，胡皆引兵而去。平旦，李广乃归其大军。

秋，七月，辛亥晦，日有食之。

自郅都之死，长安左右宗室多暴犯法。上乃召济南都尉南阳宁成为中尉。其治效郅都，其廉弗如。然宗室、豪桀皆人人惴恐。

城阳共王喜薨。⑫

【注释】

①酤酒：卖酒。②清河：战国时介于齐、赵二国之间，刘邦在此置清河郡，景帝时为王国。③孛：古书上指光芒四射的彗星。④南皮：即南皮侯窦彭祖，是太后的弟弟窦长君的儿子。章武：即章武侯窦广国，太后的弟弟。⑤常山：在今河北曲阳县西北与山西接壤处。⑥汉代规定诸侯王朝见皇帝有四次见面的机会：始到，入宫小见；到正月元宵，

奉皮荐璧玉贺正月，法见。过三日，为诸侯王置酒，赐金钱财物。再过二日，复入宫小见，辞别。⑦此时改廷尉为大理、将作少府为大匠、奉常为太常、典客为大行令、长信詹事为长信少府、将行为大长秋、主爵中尉为都尉。⑧畤：祭天地及古代帝工的处所。⑨梁国仍以睢阳为都城。济川国在陈留、东郡之间。济东国后入汉为大河郡，后又为东平国。山阳国即山阳郡。济阴国即济阴郡。⑩棰：鞭子。⑪苑马：古代把养鸟兽之地统称为苑，所以牧马之处也名为苑。⑫喜：即共王刘喜，文帝前四年嗣父刘章爵为王，八年迁王至淮阳，后四年又回到城阳，至此逝世。

后元年 春，正月，诏曰：『狱，重事也。人有智愚，官有上下。狱疑者谳有司；①有司所不能决，移廷尉；谳而后不当，谳后不为失。欲令治狱者务先宽。』

三月，赦天下。

夏，大酺五日，民得酤酒。②

五月，丙戌，地震。上庸地震二十二日，坏城垣。

秋，七月，丙午，丞相舍免。

乙巳晦，日有食之。

八月，壬辰，以御史大夫卫绾为丞相，卫尉南阳直不疑为御史大夫。初，不疑为郎，同舍有告归，误持其同舍郎金去。已而同舍郎觉亡，意不疑，不疑谢有之，买金偿。后告归者至而归金，亡金郎大惭。以此称为长者，稍迁至中大夫。人或廷毁不疑，以为盗嫂，不疑闻，曰：『我乃无兄。』然终不自明也。

帝居禁中，召周亚夫赐食，独置大胾，③无切肉，又不置箸。亚夫心不平，顾谓尚席取箸。④上视而笑曰：『此非不足君所乎！』亚夫免冠谢上，上曰：『起。』亚夫因趋出。上目送之曰：『此鞅鞅，非少主臣也。』居无何，亚夫子为父买工官尚方甲楯五百被，⑤可以葬者。取庸苦之，不与钱。⑥庸知其盗买县官器，怨而上变，告子，事连污亚夫。书既闻，上下吏。吏簿责亚夫。⑦亚夫不对。上骂之曰：『吾不用也！』召诣廷尉。廷尉责问曰：『君侯欲反何？』亚夫曰：『臣所买器，乃葬器也，何谓反乎？』吏曰：『君纵不欲反地上，即欲反地下耳！』吏侵之益急。初，吏捕亚夫，亚夫欲自杀，其夫人止之，以故不得死，遂入廷尉，因不食五日，呕血而死。

是岁，济阴哀王不识薨。

二年 春，正月，地一日三动。

三月，匈奴入雁门，[8]太守冯敬与战，死。发车骑、材官屯雁门。

春，以岁不登，禁内郡食马粟，没入之。

夏，四月，诏曰：『雕文刻镂，伤农事者也；锦绣纂组，害女工者也。农事伤则饥之本，女工害则寒之原也。夫饥寒并至而能亡为非者寡矣。朕亲耕，后亲桑，以奉宗庙粢盛、祭服，为天下先；不受献，减太官，省繇赋，欲天下务农蚕，素有蓄积，以备灾害。强毋攘弱，众毋暴寡；老耆以寿终，幼孤得遂长。今岁或不登，民食颇寡，其咎安在？或诈伪为吏，以货赂为市，渔夺百姓，侵牟万民。县丞，长吏也；奸法与盗盗，甚无谓也！其令二千石各修其职；不事官职、耗乱者，丞相以闻，请其罪。布告天下，使明知朕意。』

五月，诏赀算四得官。[9]

秋，大旱。

【注释】①谳：议罪。②酺：聚会饮酒。景帝中元三年（公元前147年）禁民卖酒。③胾：切成的大块肉。④尚席：操持宴席的官吏。⑤工官：官名，主掌营造器物。甲楯：即『甲盾』。被：具。⑥此指周亚夫之子雇工，工作劳苦又不给钱，致使雇工怨恨上告，祸及周亚夫。所以说周亚夫之死，虽由景帝少恩，但其子也有责任。⑦簿责：书之于簿，一一责问。⑧雁门：今山西右玉县南。⑨在汉代朝廷做官的渠道有三：一是为郎；一是在封国、郡中为吏，推荐入朝；一是在中央政府中为吏，推荐上去。其中郎因为直接侍奉皇帝，容易升官，但家产必须在十万钱以上（一算为一万钱），这也是做官的基本条件。商人虽有钱，但法令规定他们不能做官，寒士因为无钱，也做不了官。这年，景帝下诏，把家产限额，由十万钱降到四万钱，以吸收新人为官。

三年 冬，十月，日月皆食，赤五日。

十二月晦，雷；日如紫；五星逆行守太微；[1]月贯天廷中。

春，正月，诏曰：『农，天下之本也。黄金、珠、玉，饥不可食，寒不可衣，以为币用，不识其终始。间岁或不登，意为末者众，农民寡也。其令郡国务劝农桑，益种树，可得衣食物。吏发民若取庸采黄金、珠、玉者，坐赃为盗。二千石听者，与同罪。』

甲寅，皇太子冠。

甲子，帝崩于未央宫。太子即皇帝位，年十六。尊皇太后为太皇太后，皇后为皇太后。

二月，癸酉，葬孝景皇帝于阳陵。

三月，封皇太后同母弟田蚡为武安侯，[②]胜为周阳侯。

班固赞曰：孔子称：『斯民也，三代之所以直道而行也。』信哉！周、秦之敝，罔密文峻，而奸轨不胜，汉兴，扫除烦苛，与民休息；至于孝文，加这以恭俭；孝景遵业。五六十载之间，至于移风易俗，黎民醇厚。周云成、康，汉言文、景，美矣！

汉兴，接秦之弊，作业剧而财匮，自天子不能具钧驷，而将相或乘牛车，[③]齐民无藏盖。天下已平，高祖乃令贾人不得衣丝、乘车，重租税以困辱之。孝惠、高后时，为天下初定，复弛商贾之律；然市井之子孙，亦不得仕宦为吏。量吏禄，度官用，以赋于民。而山川、园池、市井租税之入，自天子以至于封君汤沐邑，[④]皆各为私奉养焉，不领于天下之经费。漕转山东粟以给中都官，岁不过数十万石。继以孝文、孝景，清净恭俭，安养天下，七十余年之间，国家无事，非遇水旱之灾，民则人给家足。都鄙廪庾皆满，而府库余货财；京师之钱累巨万，贯朽而不可校；[⑤]太仓之粟陈陈相因，充溢露积于外，至腐败不可食。众庶街巷有马，而阡陌之间成群，乘字牝者摈而不得聚会。守闾阎者食粱肉，为吏者长子孙，居官者以为姓号。故人人自爱而重犯法，先行义而后绌辱焉。当此之时，罔疏而民富，役财骄溢，或至兼并；豪党之徒，以武断于乡曲。宗室有土，公、卿、大夫以下，争于奢侈，室庐、舆服僭于上，无限度。物盛而衰，固其变也。自是之后，孝武内穷侈靡，外攘夷狄，天下萧然，财力耗矣！

【注释】

①五星：东方『岁星』、南方『荧惑星』、西方『太白星』、北方『辰星』、中央『镇星』。太微：古代天文学家认为是帝星所在，象征地上的皇帝。②田蚡：西汉大臣。汉景帝王皇后的弟弟。武帝即位，封武安侯，拜太尉，

后迁丞相。元光三年（公元前132年），黄河改道南流，洪水泛滥，十六郡皆遭水灾。他的封邑位于旧河道以北，不受洪水之害，故竭力反对治理黄河，使黄河废治二十年之久。任官骄横专断，曾诬杀窦婴及灌夫。③汉代以牛车为贱，魏、晋以后王公始多乘牛车。④汤沐邑：周制，诸侯朝见天子，天子赐以王畿以内的、供住宿和斋戒沐浴的封邑。后来皇帝、皇后、公主等收取赋税的私邑也称『汤沐邑。』⑤古时的钱，中间有一方孔，可以用绳子串起便于收藏。此处形容钱多，以致串钱的绳子多到腐烂不可胜计。

魏纪

世祖文皇帝上

黄初元年　春，正月，武王至洛阳；[1]庚子，薨。王知人善察，难眩以伪。识拔奇才，不拘微贱，随能任使，皆获其用。与敌对陈，意思安闲，如不欲战然；及至决机乘胜，气势盈溢。勋劳宜赏，不吝千金；无功望施，分豪不与。用法峻急，有犯必戮，或对之流涕，然终无所赦。雅性节俭，不好华丽。故能芟刈群雄，几平海内。

是时太子在邺，军中骚动。群僚欲秘不发丧，谏议大夫贾逵以为事不可秘，乃发丧。或言宜诸城守，悉用谯、沛人。[2]魏郡太守广陵徐宣厉声曰：『今者远近一统，人怀效节，何必专任谯、沛以沮宿卫者之心！』乃止。青州兵擅击鼓相引去，[3]众人以为宜禁止之，不从者讨之。贾逵曰：『不可。』为作长檄，令所在给其禀食。鄢陵侯彰从长安来赴，问逵先王玺绶所在，逵正色曰：『国有储副，先王玺绶非君侯所宜问也。』凶问至邺，太子号哭不已。中庶子司马孚谏曰：『君王晏驾，天下恃殿下为命。当上为宗庙，下为万国，奈何效匹夫孝也！』太子良久乃止，曰：『卿言是也。』时群臣初闻王薨，相聚哭，无复行列。孚厉声于朝曰：『今君王违世，天下震动，当早拜嗣君，以镇万国，而但哭邪！』乃罢群臣，备禁卫，治丧事。孚，懿之弟也。群臣以为太子即位，当须诏命。尚书陈矫曰：『王薨于外，天下惶惧。太子宜割哀即位，以系远近之望。且又爱子在侧，彼此生变，则社稷危也。』即具官备礼，[4]一日皆办。明旦，以王后令，策太子即王位，大赦。汉帝寻遣御史大夫华歆奉策诏，授太子丞相印、绶，魏王玺、绶，领冀州牧。于是尊王后曰王太后。

改元延康。

二月，丁未朔，日有食之。

壬戌，以太中大夫贾诩为太尉，御史大夫华歆为相国，大理王朗为御史大夫。

丁卯，葬武王于高陵。

王弟鄢陵侯彰等皆就国。临菑监国谒者灌均，[5]希指奏：『临菑侯植醉酒悖慢，劫胁使者。』王贬植为安乡侯，诛右刺奸掾沛国丁仪及弟黄门侍郎廙并其男口，皆植之党也。

鱼豢论曰：谚言：『贫不学俭，卑不学恭。』非人性分殊也，势使然耳。假令太祖防遏植等在于畴昔，此贤之心，何缘有窥望乎！彰之挟恨，尚无所至；至于植者，岂能兴难！乃令杨修以倚注遇害，丁仪以希意族灭，哀夫！

【注释】

①武王：即曹操。②谯、沛人：即曹氏的家乡人。③青州兵：即汉献帝初平三年（公元192年），投降曹操的青州黄巾军。④具官：配备应有的官吏。⑤监国谒者：当时为了防禁诸侯，派遣谒者监督各诸侯国。

初置散骑常侍、侍郎各四人。其宦人为官者不得过诸署令。为金策，藏之石室。时当选侍中、常侍，王左右旧人讽主者，便欲就用，不调余人。司马孚曰：『今嗣王新立，当进用海内英贤，如何欲因际会，自相荐举邪！官失其任，得者亦不足贵也。』遂他选。

尚书陈群，以天朝选用不尽人才，乃立九品官人之法；①州郡皆置中正以定其选，择州郡之贤有识鉴者为之，区别人物，第其高下。

夏，五月，戊寅，汉帝追尊王祖太尉曰太王，夫人丁氏曰太王后。

王以安定太守邹岐为凉州刺史，西平麴演结旁郡作乱以拒岐。张掖张进执太守杜通，酒泉黄华不受太守辛机，皆自称太守以应演。武威三种胡复叛。武威太守毋丘兴告急于金城太守、护羌校尉扶风苏则，则将救之，郡人皆以为贼势方盛，宜须大军。时将军郝昭、魏平先屯金城，受诏不得西度。则乃见郡中大吏及昭等谋曰：『今贼虽盛，然皆新合，或有胁从，未必同心。因衅击之，善恶必离，离而归我，我增而彼损矣。既获益众之实，且有倍气之势，率以进讨，破之必矣。若待大军，旷日弥久，善人无归，必合于恶，善恶就合，势难卒离。虽有诏命，违而合权，专之可也。』昭等从之，乃发兵救武威，降其三种胡，与毋丘兴击张进于张掖。麴演闻之，将步骑三千迎则，辞来助军，实欲为变，则诱而斩之，出以徇军，其党皆散走。则遂与诸军围张掖，破之，斩进。黄华惧，乞降，河西平。初，敦煌太守马艾卒官，郡人推功曹张恭行长史事；恭遣其子就诣朝廷请太守。会黄华、张进叛，欲与敦煌并势，执就，劫以白刃。就终不回，私与恭疏曰：『大人率厉敦煌，忠义显然，岂以就在困厄之中而替之哉！令大军垂至，但当促兵以掎之耳。②愿不以下流之爱，使就有恨于黄壤也。』恭即引兵攻酒泉，别遣铁骑二百及官属，缘酒泉北塞，东迎太守尹奉。黄华欲救张进，而西顾恭兵，恐击其后，故不得往而降。

就卒平安，奉得之郡，诏赐恭爵关内侯。

六月，康午，王引军南巡。

秋，七月，孙权遣使奉献。

蜀将军孟达屯上庸，与副军中郎将刘封不协；封侵陵之，达率部曲四千余家来降。达有容止才观，[3]王甚器爱之，引与同辇，以达为散骑常侍、建武将军，封平阳亭侯。合房陵、上庸、西城三郡为新城，以达领新城太守，委以西南之任。行军长史刘晔曰：『达有苟得之心，而恃才好术，必不能感恩怀义。新城与孙、刘接连，若有变态，为国生患。』王不听。遣征南将军夏侯尚、右将军徐晃与达共袭刘封。上庸太守申耽叛封来降，封破，走还成都。

初，封本罗侯寇氏之子，汉中王初至荆州，以未有继嗣，养之为子。诸葛亮虑封刚猛，易世之后，终难制御，劝汉中王因此际除之；遂赐封死。

武都氐王杨仆率种人内附。

甲午，王次于谯，大飨六军及谯父老于邑东，设伎乐百戏，[4]吏民上寿，[5]日夕而罢。

孙盛曰：三年之丧，自天子达于庶人。故虽三季之末，七雄之敝，犹未有废衰斩于旬朔之间，释麻杖于反哭之日者也。逮于汉文，变易古制，人道之纪，一旦而废，固已道薄于当年，风颓于百代矣。魏王既追汉制，替其大礼，处莫重之哀而设飨宴之乐，居贻厥之始而堕王化之基，[6]及至受禅，显纳二女，是以知王龄之不遐，卜世之期促也。

【注释】

①九品官人之法：即九品中正制。是魏晋南北朝保证世族特权的官僚选拔制度。建康元年（公元220年），曹丕采纳吏部尚书陈群的建议，推选各郡有声望的人，出任『中正』，将当地士人分别评定为九等（九品），政策按等选用，故称之九品官人法。②掎：拉住，拖住。③容止：仪容举止。④百戏：古代乐舞、杂技表演的总称。⑤上寿：敬酒，表示祝颂之意。⑥贻厥：亦作『诒厥』。贻，遗留给；厥，犹『其』。后因以『贻厥』为子孙的代称。

王以丞相祭酒贾逵为豫州刺史。是时天下初定，刺史多不能摄郡。逵曰：『州本以六条诏书察二千石以下，故其状皆言严能鹰扬，有督察之才，不言安静宽仁，有恺悌之德也。①今长吏慢法，盗贼公行，州知而不纠，天下复何取正乎！』其二千石以下，阿纵不如法者，皆举奏免之。外修军旅，内治民事，兴陂田，通运渠，吏民称之。王曰：『逵真刺史矣。』布告天下，当以豫州为法；赐逵爵关内侯。

左中郎将李伏、太史丞许芝表言：『魏当代汉，见于图纬，其事众甚。』群臣因上表劝王顺天人之望，王不许。

冬，十月，乙卯，汉帝告祠高庙，使行御史大夫张音持节奉玺绶诏册，禅位于魏。王三上书辞让，乃为坛于繁阳，辛未，升坛受玺绶，即皇帝位，燎祭天地、岳渎，②改元，大赦。

十一月，癸酉，奉汉帝为山阳公，③行汉正朔，用天子礼乐；封公四子为列侯。追尊太王曰太皇帝；武王曰武皇帝，庙号太祖；尊王太后曰皇太后。以汉诸侯王为崇德侯，列侯为关中侯。群臣封爵、增位各有差。改相国为司徒，御史大夫为司空。山阳公奉二女以嫔于魏。

帝欲改正朔，侍中辛毗曰：『魏氏遵舜、禹之统，应天顺民；至于汤、武，以战伐定天下，乃改正朔。孔子曰：「行夏之时，」《左氏传》曰：「夏数为得天正，」何必期于相反！』帝善而从之。时群臣并颂魏德，多抑损前朝；散骑常侍卫臻独明禅授之义，称扬汉美。帝数目臻曰：④『天下之珍，当与山阳共之。』

帝欲追封太后父、母，尚书陈群奏曰：『陛下以圣德应运受命，创业革制，当永为后式。案典籍之文，无妇人分土命爵之制。在礼典，妇因夫爵。秦违古法，汉氏因之，非先王之令典也。』帝曰：『此议是也，其勿施行。』仍著定制，⑤藏之台阁。

十二月，初营洛阳宫。戊午，帝如洛阳。

帝谓侍中苏则曰：『前破酒泉、张掖，西域通使敦煌，献径寸大珠，可复求市益得不？』则对曰：『若陛下化洽中国，德流沙幕，即不求自至。求而得之，不足贵也。』帝嘿然。

帝召东中郎将蒋济为散骑常侍。时有诏赐征南将军夏侯尚曰：『卿腹心重将，特当任使，作威作福，杀人活人。』尚以示济。济至，帝问以所闻见，对曰：『未有他善，但见亡国之语耳。』帝忿然作色而问其故，济具以答，因曰：『夫「作威作福」，《书》之明诫。天子无戏言，古人所慎，惟陛下察之！』帝即遣追取前诏。

帝欲徙冀州士卒家十万户实河南，时天旱，蝗，民饥，群司以为不可，而帝意甚盛。侍中辛毗与朝臣俱求见，帝知其欲谏，作色以待之，皆莫敢言。毗曰：『陛下欲徙士家，其计安出？』帝曰：『卿谓我徙之非邪？』毗曰：『诚以为非也。』帝曰：『吾不与卿议也。』毗曰：『陛下不以臣不肖，置之左右，厕之谋议之官，安能不与臣议邪！臣所言非私也，乃社稷之虑也，安得怒臣！』帝不答，起入内。毗随而引其裾，帝遂奋衣不还，良久乃出，曰：『佐治，⑥卿持我何太急邪！』毗曰：『今徙，既失民心，又无以食也，故臣不敢不力争。』帝乃徙其半。帝尝出射雉，顾群臣曰：『射雉乐哉！』毗对曰：『于陛下甚乐，于群下甚苦。』帝默然，后遂为之稀出。

【注释】①恺：和易近人。②繁阳：在今河南许昌。燎祭：古代的一种祭祀仪式。燃火以祭天地山川。③山阳：县名。今河南焦作市东。④目：注视。⑤仍：沿袭。⑥佐治：辛毗字。

二年 春，正月，以议郎孔羡为宗圣侯，奉孔子祀。

三月，加辽东太守公孙恭车骑将军。

初复五铢钱。

蜀中传言汉帝已遇害，于是汉中王发丧制服，谥曰孝愍皇帝。群下竞言符瑞，劝汉中王称尊号。前部司马费诗上疏曰：『殿下以曹操父子逼主篡位，故乃羁旅万里，①纠合士众，将以讨贼。今大敌未克而先自立，恐人心疑惑。昔高祖与楚约，先破秦者王之。及屠咸阳，获子婴，②犹怀推让。况今殿下未出门庭，便欲自立邪！愚臣诚不为殿下取也。』王不悦，左迁诗为部永昌从事。夏，四月，丙午，汉中王即皇帝位于武担之南，③大赦，改元章武。以诸葛亮为丞相，许靖为司徒。

臣光曰：天生烝民，其势不能自治，必相与戴君以治之。苟能禁暴除害以保全其生，赏善罚恶使不至于乱，斯可谓之君矣。是以三代之前，海内诸侯，何啻万国，有民人、社稷者，通谓之君。合万国而君之，立法度，班号令，而天下莫敢违者，乃谓之王。王德既衰，强大之国能帅诸侯以尊天子者，则谓之霸。故自古天下无道，诸侯力争，或旷世无王者，固亦多矣。秦焚书坑儒，汉兴，学者始推五德生、胜，以秦为闰位，在木火之间，霸而不王，于是正闰之论兴矣。及汉室颠覆，三国鼎跱。晋氏失驭，五胡云扰。宋、魏以降，南北分治，各有国史，互相排黜，南谓北为索虏，北谓南为岛夷。[4]朱氏代唐，四方幅裂，朱邪入汴，[5]比之穷、新，运历年纪，皆弃而不数，此皆私己之偏辞，非大公之通论也。臣愚诚不足以识前代之正闰，窃以为苟不能使九州合为一统，皆有天子之名，而无其实者也。虽华夷仁暴，大小强弱，或时不同，要皆与古之列国无异，岂得独尊奖一国谓之正统，而其余皆为僭伪哉！若以自上相授受者为正邪，则陈氏何所授？拓跋氏何所受？若以居中夏者为正邪，则刘、石、慕容、苻、姚、赫连所得之土，皆五帝、三王之旧都也。若有以道德者为正邪，则蕞尔之国，[6]必有令主，[7]三代之季，岂无僻王！[8]是以正闰之论，自古及今，未有能通其义，确然使人不可移夺者也。[9]臣今所述，止欲叙国家之兴衰，著生民之休戚，使观者自择其善恶得失，以为劝戒，非若《春秋》立褒贬之法，拨乱世反诸正也。正闰之际，非所敢知，但据其功业之实而言之。周、秦、汉、晋、隋、唐，皆尝混壹九州，传祚于后，子孙虽微弱播迁，犹承祖宗之业，有绍复之望，四方与之争衡者，皆其故臣也，故全用天子之制以临之。其余地丑德齐，[10]莫能相壹，名号不异，本非君臣者，皆以列国之制处之，彼此钧敌，无所抑扬，庶几不诬事实，近于至公。然天下离析之际，不可无岁、时、月、日以识事之先后。据汉传于魏而晋受之，晋传于宋以至于陈而隋取之，唐传于梁以至于周而大宋承之，故不得不取魏、宋、齐、梁、陈、后梁、后唐、后晋、后汉、后周年号，以纪诸国之事，非尊此而卑彼，有正闰之辨也。昭烈之汉，虽云中山靖王之后，而族属疏远，不能纪其世数名位，亦犹宋高祖称楚元王后，南唐烈祖称吴王恪后，是非难辨，故不敢以光武及晋元帝为比，使得绍汉氏之遗统也。

【注释】

①羁：寄。旅：客。羁旅：作客他乡。②子婴：秦始皇的孙子，秦朝最后一个皇帝。即位四十六天，后被项羽所杀。③武担：山名。在今四川成都西北。④索虏、岛夷：南北朝时相互辱骂的称呼。⑤朱氏：朱温。后梁的建国者。朱邪：即李存勖。后唐的建国者。⑥蕞尔：小貌。⑦令：美。⑧僻：邪。⑨确然：坚固貌。⑩丑：差不多。

孙权自公安徙都鄂，更名鄂曰武昌。

五月，辛巳，汉主立夫人吴氏为皇后。后，偏将军懿之妹，故刘璋兄瑁之妻也。立子禅为皇太子。娶车骑将军张飞女为太子妃。

太祖之入邺也，帝为五官中郎将，见袁熙妻中山甄氏美而悦之，太祖为之聘焉，生子叡。及即皇帝位，安平郭贵嫔有宠，甄夫人留邺不得见。失意，有怨言。郭贵嫔谮之，帝大怒。六月，丁卯，遣使赐夫人死。

帝以宗庙在邺，祀太祖于洛阳建始殿，如家人礼。

戊辰晦，日有食之。有司奏免太尉，诏曰：『灾异之作，以谴元首，而归过股肱，岂禹、汤罪己之义乎！其令百官各虔厥职。后有天地之眚，勿复劾三公。』

汉主立其子永为鲁王，理为梁王。

汉主耻关羽之没，将击孙权。翊军将军赵云曰：『国贼，曹操，非孙权也。若先灭魏，则权自服。今操身虽毙，子丕篡盗，当因众心，早图关中，居河、渭上流以讨凶逆，关东义士必裹粮策马以迎王师。不应置魏，先与吴战。兵势一交，不得卒解，非策之上也。』群臣谏者甚众，汉主皆不听。广汉处士秦宓陈天时必无利，①坐下狱幽闭，然后贷出。②

初，车骑将军张飞，雄壮威猛亚于关羽；羽善待卒伍而骄于士大夫，飞爱礼君子而不恤军人。汉主常戒飞曰：『卿刑杀既过差，③又日鞭挞健儿而令在左右，此取祸之道也。』飞犹不悛。④汉主将伐孙权，飞当率兵万人自阆中会江州。临发，其帐下将张达、范彊杀飞，以其首顺流奔孙权。汉主闻飞营都督有表，曰：『噫，飞死矣！』

陈寿评曰：关羽、张飞皆称万人之敌，为世虎臣。羽报效曹公，飞义释严颜，并有国士之风。然羽刚而自矜，飞暴而无恩，以短取败，理数之常也。

秋，七月，汉主自率诸军击孙权，权遣使求和于汉。南郡太守诸葛瑾遗汉主笺曰：『陛下以关羽之亲，何如先帝？荆州大小，孰与海内？俱应仇疾，谁当先后？若审此数，易于反掌矣。』汉主不听。时或言瑾别遣亲人与汉主相闻者，权曰：『孤与子瑜，有死生不易之誓，子瑜之不负孤，犹孤之不负子瑜也。』然谤言流闻于外，陆逊表明瑾必无此，宜有以散其意。权报曰：『子瑜与孤从事积年，恩如骨肉，深相明究。其为人，非道不行，非义不言。玄德昔遣孔明至吴，孤尝语子瑜曰：「卿与孔明同产，且弟随兄，于义为顺，何以不留孔明？孔明若留从卿者，孤当以书解玄德，意自随人耳。」子瑜答孤言：「弟亮已失身于人，委质定分，义无二心。弟之不留，犹瑾之不往也。」其言足贯神明，今岂当有此乎！前得妄语文疏，即封示子瑜，并手笔与之。孤与子瑜可谓神交，非外言所间，知卿意至，辄封来表以示子瑜，使知卿意。」

汉主遣将军吴班、冯习攻破权将李异、刘阿等于巫，⑤进军秭归，兵四万余人，武陵蛮夷皆遣使往请兵。权以镇西将军陆逊为大都督、假节，督将军朱然、潘璋、宋谦、韩当、徐盛、鲜于丹、孙桓等五万人拒之。

皇弟鄢陵侯彰、宛侯据、鲁阳侯宇、谯侯林、赞侯兖、襄邑侯峻、弘农侯幹、寿春侯彪、历城侯徽、平舆侯茂皆进爵为公；安乡侯植改封鄄城侯。

筑陵云台。⑥

初，帝诏群臣，令料刘备当为关羽出报孙权否，众议咸云：『蜀小国耳，名将唯羽。羽死军破，国内忧惧，无缘复出。』侍中刘晔独曰：『蜀虽狭弱，而备之谋欲以威武自强，势必用众以示有余。且关羽与备，义为君臣，恩犹父子。羽死，不能为兴军报敌，于终始之分不足矣。』

八月，孙权遣使称臣，卑辞奉章，并送于禁等还。朝臣皆贺，刘晔独曰：『权无故求降，必内有急。权前袭杀关羽，刘备必大兴师伐之。外有强寇，众心不安，又恐中国往乘其衅，故委地求降，一以却中国之兵，二假中国之援，以强其众而疑敌人耳。天下三分，中国十有其八。吴、蜀各保一州，阻山依水，有急相救，此小国之利也。今还自相攻，天亡之也，宜大兴师，径渡江袭之。蜀攻其外，我袭其内，吴之亡不出旬月矣。吴亡则蜀孤，若割吴之半以与蜀，蜀固不能久存，况蜀得其外，我得其内乎！』帝曰：『人称臣降而伐之，疑天下欲来者心，不若且受吴降而袭蜀之后也。』对曰：『蜀远吴近，又闻中国伐之，便还军，不能止也。今备已怒，兴兵击吴，闻我伐吴，知吴必亡，将喜而进与我争割吴地，必不改计抑怒救吴也。』帝不听，遂受吴降。

于禁须发皓白，形容憔悴，见帝，泣涕顿首。帝慰喻以荀林父、孟明视故事，⑦拜安远将军，令北诣邺谒高陵。帝使豫于陵屋画关羽战克、庞德愤怒、禁降服之状。禁见，惭恚发病死。

臣光曰：于禁将数万众，败不能死，生降于敌，既而复归。文帝废之可也，杀之可也，乃画陵屋以辱之，斯为不君矣！

【注释】

①处士：古时指有才德而隐居不士的人。②贳：赦免。③过差：过分。④悛：悔改。⑤巫：县名。在今四川省东端、长江沿岸，邻接湖北省，大宁河流经境内。⑥陵云台：在洛阳城中。⑦荀林父、孟明视故事：春秋时晋国大夫荀林父与楚交战，交败，但晋景公仍然起用他，不久他征服了赤狄（春秋时狄人的一部分）。

丁巳，遣太常邢贞奉策即拜孙权为吴王，加九锡。刘晔曰：『不可。先帝征伐天下，十兼其八，威震海内；陛下受禅即真，德合天地，声暨四远。权虽有雄才，故汉票骑将军、南昌侯耳，官轻势卑。士民有畏中国心，不可强迫与成所谋也。不得已受其降，可进其将军号，封十万户侯，不可即以为王也。夫王位去天子一阶耳，其礼秩服御相乱也。①彼直为侯，江南士民未有君臣之分。我信其伪降，就封殖之，崇其位号，定其君臣，是为虎傅翼也。权既受王位，却蜀兵之后，外尽礼以事中国，使其国内皆闻，内为无礼以怒陛下；陛下赫然发怒，兴兵讨之，乃徐告其民曰：「我委身事中国，不爱珍货重宝，随时贡献，不敢失臣礼，而无故伐我，必欲残我国家，俘我人民认为仆妾。」吴民无缘不信其言也。信其言而感怒，上下同心，战加十倍矣。』又不听。诸将以吴内附，意皆纵缓，独征南大将军夏侯尚益修攻守之备。山阳曹伟，素有才名，闻吴称藩，以白衣与吴王交书求赂，欲以交结京师，帝闻而诛之。

吴又城武昌。②初，帝欲以杨彪为太尉，彪辞曰：『尝为汉朝三公，值世衰乱，不能立尺寸之益，若复为魏臣，于国之选，亦不为荣也。』帝乃止。冬，十月，己亥，公卿朝朔旦，并引彪，待以客礼。赐延年杖、冯几，③使著布单衣、皮弁以见；拜光禄大夫，秩中二千石；朝见，位次三公；又令门施行马，④置吏卒，以优崇之。年八十四而卒。

以谷贵，罢五铢钱。

凉州卢水胡治元多等反，河西大扰。帝召邹岐还，以京兆尹张既为凉州刺史，遣护军夏侯儒、将军费曜等继其后。胡七千余骑逆拒既于鹯阴口，既扬声军从鹯阴，⑤乃潜由且次出武威。胡以为神，引还显美。⑥既已据武威，曜乃至，儒等犹未达。既劳赐将士，欲进军击胡，诸将皆曰：『士卒疲倦，虏众气锐，难与争锋。』既曰：『今军无见粮，⑦当因敌为资。若虏见兵合，退依深山，追之则道险穷饿，兵还则出候寇钞，如此，兵不得解，所谓一日纵敌，患在数世也。』遂前军显美。十一月，胡骑数千，因大风欲放火烧营，将士皆恐。既夜藏精卒三千人为伏，使参军成公英督千余骑挑战，敕使阳退。胡果争奔之，因发伏截其后，首尾进击，大破之，斩首获生以万数，河西悉平。

后西平麴光反，杀其郡守。诸将欲击之，既曰：『唯光等造反，郡人未必悉同。若便以军临之，吏民、羌、胡必谓国家不别是非，更使皆相持著，此为虎傅翼也。光等欲以羌、胡为援，今先使羌、胡钞击，重其赏募，所虏获者，皆以畀之。[⑧]外沮其势，内离其交，必不战而定。』乃移檄告谕诸羌，为光等所诖误者原之，[⑨]能斩贼帅送首者当加封赏。于是光部党斩送光首，其余皆安堵如故。[⑩]

【注释】

①其礼秩服御相乱也：胡注：『自曹操为魏王，加九锡，礼秩服御与天子相乱矣。』②城：修筑城墙。③延年杖、冯几：古时，老人居则凭几，行则携杖。因此赠送几杖给老人，是表示敬老。冯，通『凭』。冯几，可以倚靠身子的小桌。④行马：拦阻人马通行的木架。⑤鹳阴：县名。今甘肃靖远西北。⑥显美：县名。今甘肃永昌东。⑦见：同『现』。⑧畀：给予，付与。⑨诖：欺骗。⑩安堵：安居，不受骚扰。

邢贞至吴，吴人以为宜称上将军、九州伯，不当受魏封。吴王曰：『九州伯，于古未闻也。昔沛公亦受项羽封为汉王，盖时宜耳，复何损邪！』遂受之。吴王出都亭候邢贞，贞入门，不下车。张昭谓贞曰：『夫礼无不敬，法无不行。而君敢自尊大，岂以江南寡弱，无方寸之刃故乎！』贞即遽下车。中郎将琅邪徐盛忿愤，顾谓同列曰：『盛等不能奋身出命，为国家并许、洛，吞巴、蜀，而令吾君与贞盟，不亦辱乎！』因涕泣横流。贞闻之，谓其徒曰：『江东将相如此，非久下人者也。』

吴王遣中大夫南阳赵咨入谢。帝问曰：『吴王何等主也？』对曰：『聪明、仁智、雄略之主也。』帝问其状，对曰：『纳鲁肃于凡品，是其聪也；拔吕蒙于行陈，是其明也；获于禁而不害，是其仁也；取荆州兵不血刃，是其智也；据三州虎视于天下，[①]是其雄也；屈身于陛下，是其略也。』帝曰：『吴王颇知学乎？』咨曰：『吴王浮江万艘，带甲百万，任贤使能，志存经略，[②]虽有余闲，博览书传，历史籍，采奇异，不效书生寻章摘句而已。』帝曰：『吴可征否？』对曰：『大国有征伐之兵，小国有备御之固。』帝曰：『吴难魏乎？』对曰：『带甲百万，江、汉为池，何难之有！』帝曰：『吴如大夫者几人？』对曰：『聪明特达者，八九十人；如臣之比，车载斗量，不可胜数。』

帝遣使求雀头香、大贝、明珠、象牙、犀角、玳瑁、孔雀、翡翠、斗鸭、长鸣鸡于吴。吴群臣曰：『荆、扬二州，贡有常典。魏所求珍玩之物，非礼也，宜勿与。』吴王曰：『方有事于西北，江表元元，恃主为命。彼所求者，于我瓦石耳，孤何惜焉！且彼在谅谙之中，而所求若此，[3]宁可与言礼哉！』皆具以与之。

吴王以其子登为太子，妙选师友，[4]以南郡太守诸葛瑾之子恪、绥远将军张昭之子休、大理吴郡顾雍之子谭、偏将军庐江陈武之子表皆为中庶子，入讲诗书，出从骑射，谓之四友。登接待僚属，略用布衣之礼。

十二月，帝行东巡。

帝欲封吴王子登为万户侯，吴王以登年幼，上书辞不受；复遣西曹掾吴郡沈珩入谢，并献方物。帝问曰：『吴嫌魏东向乎？』珩曰：『不嫌。』曰：『何以？』曰：『信恃旧盟，言归于好，是以不嫌；若魏渝盟，自有豫备。』又问：『闻太子当来，宁然乎？』珩曰：『臣在东朝，朝不坐，[5]宴不与，若此之议，无所闻也。』帝善之。

吴王于武昌临钓台饮酒，大醉，使人以水洒群臣曰：『今日酣饮，惟醉堕台中，乃当止耳！』张昭正色不言，出外，车中坐。王遣人呼昭还入，谓曰：『为共作乐耳，公何为怒乎？』昭对曰：『昔纣为糟丘酒池，长夜之饮，当时亦以为荣，不以为恶也。』王默然惭，遂罢酒。

吴王与群臣饮，自起行酒，虞翻伏地，阳醉不持；王去，翻起坐。王大怒，手剑欲击之，侍坐者莫不惶遽。惟大司农刘基起抱王，谏曰：『大王以三爵之后，手杀善士，虽翻有罪，天下孰知之！且大王以能容贤蓄众，故海内望风；今一朝弃之，可乎！』王曰：『曹孟德尚杀孔文举，孤于虞翻何有哉！』基曰：『孟德轻害士人，天下非之。大王躬行德义，欲与尧、舜比隆，何得自喻于彼乎？』翻由是得免。王因敕左右：『自今酒后言杀，皆不得杀。』基，繇之子。

初，太祖既克蹋顿，而乌桓浸衰，鲜卑大人步度根、轲比能、素利、弥加、厥机等因阎柔上贡献，求通市，太祖皆表宠以为王。轲比能本小种鲜卑，以勇健廉平为众所服，由是能威制余部，最为强盛。自云中、五原以东抵辽水，⑥皆为鲜卑庭，轲比能与素利、弥加割地统御，各有分界。轲比能部落近塞，中国人多亡叛归之；素利等在辽西、右北平、渔阳塞外，道远，故不为边患。帝以平虏校尉牵招为护鲜卑校尉，南阳太守田豫为护乌桓校尉，使镇抚之。

【注释】

①三州：指荆、扬、交三州。②经略：筹划处理。③谅谙：指帝王居丧。④妙选：精选。⑤朝：古时凡访人皆称朝。后来才用来专指见皇帝。⑥辽水：即辽河。

三年 春，正月，丙寅朔，日有食之。

庚午，帝行如许昌。①

诏曰：『今之计、孝，古之贡士也；②若限年然后取士，是吕尚、周晋不显于前世也。其令郡国所选，勿拘老幼；儒通经术，吏达文法，到皆试用。有司纠故不以实者。』

二月，鄯善、龟兹、于阗王各遣使奉献。是后西域复通，置戊己校尉。

汉主自秭归将进击吴，治中从事黄权谏曰：『吴人悍战，而水军沿流，进易退难。臣请为先驱以当寇，陛下宜为后镇。』汉主不从，以权为镇北将军，使督江北诸军；自率诸将，自江南缘山截岭，③军于夷道猇亭。吴将皆欲迎击之。陆逊曰：『备举军东下，锐气始盛；且乘高守险，难可卒攻。攻之纵下，犹难尽克，若有不利，损我大势，非小故也。今但且奖厉将士，广施方略，以观其变。若此间是平原旷野，当恐有颠沛交逐之忧；今缘山行军，势不得展，自当罢于木石之间，徐制其敝耳。』诸将不解，以为逊畏之，各怀愤恨。

汉人自佷山通武陵，④使侍中襄阳马良以金锦赐五谿诸蛮夷，授以官爵。

三月，乙丑，立皇子齐公睿为平原王、皇弟鄢陵公彰等皆进爵为王。甲戌，立皇子霖为河东王。

甲午，帝行如襄邑。

夏，四月，戊申，立鄄城侯植为鄄城王。是时，诸侯王皆寄地空名而无其实；王国各有老兵百余人以为守卫；隔绝千里之外，不听朝聘，⑤为设防辅监国之官以伺察之。虽有王侯之号而侪于匹夫，皆思为布衣而不能得。法既峻切，诸侯王过恶日闻；独北海王兖谨慎好学，未尝有失。文学、防辅相与言曰：[6]『受诏察王举措，有过当奏，及有善亦宜以闻。』遂共表称陈兖美。兖闻之，大惊惧，责让文学曰：『修身自守，常人之行耳，而诸君乃以上闻，是适所以增其负累也。且如有善，何患不闻，而遽共如是，是非所以为益也。』

癸亥，帝还许昌。

五月，以江南八郡为荆州，江北诸郡为郢州。

汉人自巫峡建平连营至夷陵界，立数十屯，以冯习为大督，张南为前部督，自正月与吴相拒，至六月不决。汉主遣吴班将数千人于平地立营，吴将帅皆欲击之，陆逊曰：『此必有谲，且观之。』汉主知其计不行，乃引伏兵八千从谷中出。逊曰：『所以不听诸君击班者，揣之必有巧故也。』逊上疏于吴王曰：『夷陵要害，国之关限，虽为易得，亦复易失。失之，非徒损一郡之地，荆州可忧，今日争之，当令必谐。备干天常，不守窟穴而敢自送，臣虽不材，凭奉威灵，以顺讨逆，破坏在近，无可忧者。臣初嫌之水陆俱进，今反舍船就步，处处结营，察其布置，必无他变。伏愿至尊高枕，不以为念也。』

【注释】

①许昌：胡注《晋志》曰：『汉献帝都许（许县），魏受禅，徙都洛阳。许宫室、武库存焉，改名许昌。』②贡士：古代向最高统治者荐举人员的制度。③领：通『岭』。④佷山：县名。今湖北长阳。⑤朝聘：古代诸侯定期朝见天子。⑥文学：官名。

闰月，逊将进攻汉军，诸将并曰：『攻备当在初，今乃令入五六百里，相守经七八月，其诸要害皆已固守，击之必无利矣。』逊曰：『备是猾虏，更尝事多，其军始集，思虑精专，未可干也。今住已久，不得我便，兵疲意沮，计不复生。掎角此寇，[1]正在今日。』乃先攻一营，不利，诸将皆曰：『空杀兵耳！』逊曰：『吾已晓破之之术。』乃敕各持一把茅，以火攻，拔之；一尔势成，通率诸军，同时俱攻，斩张南、冯习及胡王沙摩柯等首，破其四十余营。汉将杜路、刘宁等穷逼请降。

汉主升马鞍山，陈兵自绕，逊督促诸军，四面蹙之，土崩瓦解，死者万数。汉主夜遁，驿人自担烧铙铠断后，[2]仅得入白帝城，[3]其舟船、器械，水、步军资，一时略尽，尸骸塞江而下。汉主大惭恚曰：『吾乃为陆逊所折辱，岂非天耶！』将军义阳傅彤为后殿，兵众尽死，彤气益烈。吴人谕之使降，彤骂曰：『吴狗，安有汉将军而降者！』遂死之。从事祭酒程畿溯江而退，众曰：『后追将至，宜解舫轻行。』[4]畿曰：『吾在军，未习为敌之走也。』亦死之。

初，吴安东中郎将孙桓别击汉前锋于夷道，为汉所围，求救于陆逊，逊曰：『未可。』诸将曰：『孙安东，公族，见围已困，奈何不救！』逊曰：『安东得士众心，城牢粮足，无可忧也。待吾计展，欲不救安东，安东自解。』及方略大施，汉果奔溃。桓后见逊曰：『前实怨不见救，定至今日，乃知调度自有方耳！』

初，逊为大都督，诸将或讨逆时旧将，或公室贵戚，各自矜恃，不相听从。逊按剑曰：『刘备天下知名，曹操所惮，今在境界，此强对也。诸君并荷国恩，当相辑睦，共翦此虏，上报所受，而不相顺，何也？仆虽书生，受命主上，国家所以屈诸君使相承望者，以仆尺寸可称，能忍辱负重故也。各在其事，岂复得辞！军令有常，不可犯也！』及至破备，计多出逊，诸将乃服。吴王闻之曰：『公何以初不启诸将违节度者邪？』对曰：『受恩深重，此诸将或任腹心，或堪爪牙，或是功臣，皆国家所当与共克定大事者，臣窃慕相如、寇恂相下之义以济国事。』王大笑称善，加逊辅国将军，领荆州牧，改封江陵侯。

初，诸葛亮与尚书令法正好尚不同，而以公义相取，亮每奇正智术。及汉主伐吴而败，时正已卒，亮叹曰：『孝直若在，必能制主上东行。就使东行，必不倾危矣。』汉主在白帝，徐盛、潘璋、宋谦等各竞表言『备必可禽，乞复攻之。』吴王以问陆逊。逊与朱然、骆统上言曰：『曹丕大合士众，外托助国讨备，内实有奸心，谨决计辄还。』

初，帝闻汉兵树栅连营七百余里，谓群臣曰：『备不晓兵，岂有七百里营可以拒敌者乎！「苞原隰险阻而为军者为敌所禽」，[5]此兵忌也。孙权上事今至矣。』后七日，吴破汉书到。

【注释】

①角：抓住角。掎：拉住腿。掎角：指夹击敌人。②铙：乐器名。行军时使用，如铃般大小，中空短柄，使用时执柄，口朝上，用槌棒敲击，使之发出声音，用来指挥军队的行动。③白帝城：城名。在今四川奉节东。④舫：两船相并。

一说为方舟。⑤苞：丛生，茂盛。

秋，七月，冀州大蝗，饥。

汉主既败走，黄权在江北，道绝，不得还，八月，率其众来降。汉有司请收权妻子，汉主曰：『孤负黄权，权不负孤也。』待之如初。帝谓权曰：『君舍逆效顺，欲追踪陈、韩邪？』对曰：『臣过受刘主殊遇，降吴不可，还蜀无路，是以归命。且败军之将，免死为幸，何古人之可慕也！』帝善之，拜为镇南将军，封育阳侯，[1]加侍中，使陪乘。蜀降人或云汉诛权妻子，帝诏权发丧。权曰：『臣与刘、葛推诚相信，明臣本志。窃疑未实，请须。』后得审问，果如所言。马良亦死于五谿。

九月，甲午，诏曰：『夫妇人与政，乱之本也。自今以后，群臣不得奏事太后，后族之家不得当辅政之任，又不得横受茅土之爵。以此诏传之后世，若有背违，天下共诛之。』卞太后每见外亲，不假以颜色，常言：『居处当节俭，不当望赏，念自佚也。外舍当怪吾遇之太薄，吾自有常度故也。吾事武帝四五十年，行俭日久，不能自变为奢。有犯科禁者，吾且能加罪一等耳，莫望钱米恩贷也。』

帝将立郭贵嫔为后，中郎栈潜上疏曰：『夫后妃之德，盛衰治乱所由生也。是以圣哲慎立元妃，必取先代世族之家，择其令淑，以统六宫，虔奉宗庙。《易》曰：「家道正而天下定。」由内及外，先王之令典也。《春秋》书宗人瑑夏云：「无以妾为夫人之礼。」齐桓誓命于葵丘，亦曰：「无以妾为妻。」令后宫嬖宠，常亚乘舆，若因爱登后，使贱人暴贵，臣恐后世下陵上替，开张非度，乱自上起。』帝不从。庚子，立皇后郭氏。

初，吴王遣于禁护军浩周、军司马东里衮诣帝，自陈诚款，[2]辞甚恭悫。[3]帝问周等：『权可信乎？』周以为权必臣服，而衮谓其不可必服。帝悦周言，以为有以知之，故立为吴王，复使周至吴。周谓吴王曰：『陛下未信王遣子入侍，周以阖门百口明之。』吴王为之流涕沾襟，指天为誓。周还而侍子不至，但多设虚辞。帝欲遣侍中辛毗、尚书桓阶往与盟誓，并责任子，吴王辞让不受。帝怒，欲伐之，刘晔曰：『彼新得志，上下齐心，而阻带江湖，不可仓促制也。』[4]帝不从。

【注释】①封育阳侯：胡注：『自此以后，皆名号侯，不复注（附著）其国邑；其地名难知者，犹为之注。』②款：诚，恳切。③悫：诚笃，忠厚。④仓促：急遽。

九月，命征东大将军曹休、前将军张辽、镇东将军臧霸出洞口，①大将军曹仁出濡须，上军大将军曹真、征南大将军夏侯尚、左将军张郃、右将军徐晃围南郡。吴建威将军吕范督五军，以舟军拒休等，左将军诸葛瑾、平北将军潘璋、将军杨粲救南郡，裨将军朱桓以濡须督拒曹仁。

冬，十月，甲子，表首阳山东为寿陵，②作终制，务从俭薄，不藏金玉，一用瓦器。令以此诏藏之宗庙，副在尚书、秘书、三府。

吴王以扬越蛮夷多未平集，乃卑辞上书，求自改厉：『若罪在难除，必不见置，当奉还土地民人，寄命交州以终余年。』又与浩周书云：『欲为子登求昏宗室。』又云：『以登年弱，欲遣孙长绪、张子布随登俱来。』帝报曰：『朕之与君，大义已定，岂乐劳师远临江、汉！若登身朝到，夕召兵还耳。』于是吴王改元黄武，临江拒守。

帝自许昌南征，复郢州为荆州。十一月，辛丑，帝如宛。曹休在洞口，自陈：『愿将锐卒虎步江南，因敌取资，事必克捷，若其无臣，不须为念。』帝恐休便渡江，驿马止之。侍中董昭侍侧，曰：『窃见陛下有忧色，独以休济江故乎？今者渡江，人情所难，就休有此志，势不独行，当须诸将。臧霸等既富且贵，无复他望，但欲终其天年，保守禄祚而已，何肯乘危自投死地以求徼倖！苟霸等不进，休意自沮。臣恐陛下虽有敕渡之诏，犹必沉吟，未便从命也。』顷之，会暴风吹吴吕范等船，绠缆悉断，直指休等营下，斩首获生以千数，吴兵迸散。帝闻之，敕诸军促渡。军未时进，吴救船遂至，收军还江南。曹休使臧霸追之，不利，将军尹卢战死。

庚申晦，日有食之。

吴王使太中大夫郑泉聘于汉，③汉太中大夫宗玮报之，吴、汉复通。

汉主闻魏师大出，遗陆逊书曰：『贼今已在江、汉，吾将复东，将军谓其能然否？』逊答曰：『但恐军新破，创夷未复，始求通亲；且当自补，未暇穷兵耳。若不推算，欲复以倾覆之余远送以来者，无所逃命。」

汉汉嘉太守黄元叛。

吴将孙盛督万人据江陵中州，以为南郡外援。

【注释】

①洞口：地名。在今四川城口县南。②首阳山：在洛阳东北。③聘：古时国与国之间遣使访问。

世祖文皇帝下

黄初四年 春，正月，曹真使张郃击破吴兵，遂夺据江陵中洲。

二月，诸葛亮至永安。

曹仁以步骑数万向濡须，先扬声欲东攻羡溪，[1]朱桓分兵赴之。既行，仁以大军径进。桓闻之，追还羡溪兵，兵未到而仁奄至。时桓手下及所部兵在者才五千人，诸将业业各有惧心，桓喻之曰：『凡两军交对，胜负在将，不在众寡。诸君闻曹仁用兵行师，孰与桓邪？兵法所以称「客倍而主人半」者，谓俱在平原无城隍之守，又谓士卒勇怯齐等故耳。今仁既非智勇，加其士卒甚怯，又千里步涉，人马罢困。桓与诸君共据高城，南临大江，北背山陵，以逸待劳，为主制客，此百战百胜之势，虽曹丕自来，尚不足忧，况仁等邪！』桓乃偃旗鼓，外示虚弱以诱致仁。仁遣其子泰攻濡须城，分遣将军常雕、王双等乘油船别袭中洲。[2]中洲者，桓部曲妻子所在也。蒋济曰：『贼据西岸，列船上流，而兵入洲中，是为自内地狱，危亡之道也。』仁不从，自将万人留橐皋，[3]为泰等后援。桓遣别将击雕等而身自拒泰，泰烧营退。桓遂斩常雕，生虏王双，临陈杀溺死者千余人。

初，吕蒙病笃，吴王问曰：『卿如不起，谁可代者？』蒙对曰：『朱然胆守有余，愚以为可任。』朱然者，九真太守朱治姊子也；本姓施氏，治养以为子，时为昭武将军。蒙卒，吴王假然节，镇江陵。及曹真等围江陵，破孙盛，吴王遣诸葛瑾等将兵往解围，夏侯尚击却之。江陵中外断绝，城中兵多肿病，堪战者裁五千人。真等起土山，凿地道，立楼橹临城，弓矢雨注，将士皆失色；然晏如无恐意，[4]方厉吏士，伺间隙，攻破魏两屯。魏兵围然凡六月，江陵令姚泰领兵备城北门，见外兵盛，城中人少，谷食且尽，惧不济，谋为内应，然觉而杀之。

时江水浅狭，夏侯尚欲乘船将步骑入渚中安屯，[5]作浮桥，南北往来，议者多以为城必可拔。董昭上疏曰：『武皇帝智勇过人，[6]而用兵畏敌，不敢轻之若此也。夫兵好进恶退，常然之数。平地无险，犹尚艰难，就当深入，还道宜利，兵有进退，不可如意。今屯渚中，至深也；浮桥而济，至危也；一道而行，至狭也。三者，兵家所忌，而今行之，贼频攻桥，误有漏失，渚中精锐非魏之有，将转化为吴矣。臣私戚之，忘寝与食，而议者怡然不以为忧，岂不惑哉！加江水向长，[7]一旦暴增，何以防御！就不破贼，尚当自完，奈何乘危，不以为惧！惟陛下察之。』帝即诏尚等促出，吴人两头并前，魏兵一道引去，不时得泄，⑧仅而获济。吴将潘璋已作荻筏，欲以烧浮桥，会尚退而止。后旬日，江水大涨，帝谓董昭曰：『君论此事，何其审也！』会天大疫，帝悉召诸军还。

三月，丙申，车驾还洛阳。

初，帝问贾诩曰：『吾欲伐不从命，以一天下，吴、蜀何先？』对曰：『攻取者先兵权，建本者尚德化。陛下应期受禅，抚临率土，若绥之以文德而俟其变，则平之不难矣。吴、蜀虽蕞尔小国，依山阻水。刘备有雄才，诸葛亮善治国；孙权识虚实，陆逊见兵势。据险守要，泛舟江湖，皆难卒谋也。用兵之道，先胜后战，量敌论将；故举无遗策。臣窃料群臣无备、权对，虽以天威临之，未见万全之势也。昔舜舞干戚而有苗服，⑨臣以为当今宜先文后武。』帝不纳，军竟无功。

丁未，陈忠侯曹仁卒。

初，黄元为诸葛亮所不善，闻汉主疾病，惧有后患，故举郡反，烧临邛城。⑩时亮东行省疾，成都单虚，元益无所惮。益州治中从事杨洪，启太子遣将军陈曶、郑绰讨元。⑪众议以为元若不能围成都，当由越巂据南中。⑫洪曰：『元素性凶暴，无他恩信，何能办此！不过乘水东下，冀主上平安，面缚归死；如其有异，奔吴求活耳。但敕曶、绰于南安峡口邀遮，⑬即便得矣。』元军败，果顺江东下，曶、绰生获，斩之。

汉主病笃，命丞相亮辅太子，以尚书令李严为副。汉主谓亮曰：『君才十倍曹丕，必能安国，终定大事。若嗣子可辅，辅之；如其不才，君可自取。』亮涕泣曰：『臣敢不竭股肱之力，效忠贞之节，继之以死！』汉主又为诏敕太子曰：『人五十不称夭，吾年已六十有余，何所复恨，但以卿兄弟为念耳。勉之，勉之！勿以恶小而为之，勿以善小而不为！惟贤惟德，可以服人。汝父德薄，不足效也。汝与丞相从事，事之如父。』夏，四月，癸巳，汉主殂于永安，⑭谥曰昭烈。

丞相亮奉丧还成都，以李严为中都护，留镇永安。

五月，太子禅即位，时年十七。尊皇后曰皇太后，大赦，改元建兴。封丞相亮为武乡侯，领益州牧，政事无巨细，咸决于亮。亮乃约官职，修法制，发教与群下曰：『夫参署者，集众思，广忠益也。若远小嫌，难相违覆，旷阙损矣。违覆而得中，犹弃敝蹻而获珠玉。⑮然人心苦不能尽，惟徐元直处兹不惑。又，董幼宰参署七年，事有不至，至于十反，来相启告。苟能慕元直之十一，幼宰之勤渠，有忠于国，则亮可以少过矣。』又曰：『昔初交州平，屡闻得失；后交元直，勤见启诲；前参事于幼宰，每言则尽；后从事于伟度，数有谏止。虽资性鄙暗，不能悉纳，然与此四子终始好合，亦足以明其不疑于直言也。』伟度者，亮主簿义阳胡济也。

亮尝自校簿书，主簿杨颙直入，谏曰：『为治有体，上下不可相侵。请为明公以作家譬之。今有人，使奴执耕稼，婢典炊爨，⑯鸡主司晨，犬主吠盗，牛负重载，马涉远路。私业无旷，所求皆足，雍容高枕，饮食而已。忽一旦尽欲以身亲其役，不复付任，劳其体力，为此碎务，形疲神困，终无一成。岂其智之不如奴婢鸡狗哉？失为家主之法也。是故古人称「坐而论道，谓之王公；作而行之，⑰谓之士大夫。」故丙吉不问横道死人而忧牛喘，陈平不肯知钱谷之数，云「自有主者」，彼诚达于位分之体也。今明公为治，乃躬自校簿书，流汗终日，不亦劳乎！』亮谢之。及颙卒，亮垂泣三日。

【注释】

①羡溪：地名。②油船：一种用牛皮包裹船体并抹上油的古代战船。③橐皋：地名。今安徽巢县东北。④晏如：安然。⑤渚：江陵的中洲。⑥武皇帝：曹操。⑦向：将近。⑧泄：去。⑨干戚：古兵器名。干，盾；戚，斧的一种。⑩临邛：县名。今四川邛崃。⑪曶。⑫越嶲：郡名。今四川西昌东南。⑬南安峡口：在今四川夹江县东北。⑭殂：死亡。永安：地名，今四川奉节东七公里处。⑮蹻：草鞋。⑯爨：灶。此指烧火煮饭。⑰作：起，起立。

六月，甲戌，任城威王彰卒。

甲申，魏寿肃侯贾诩卒。

大水。

吴贺齐袭蕲春，虏太守晋宗以归。

初，益州郡耆帅雍闿杀太守正昂，①因士燮以求附于吴，又执太守成都张裔以与吴，吴以闿为永昌太守。永昌功曹吕凯、府丞王伉率吏士闭境拒守，闿不能进，使郡人孟获诱扇诸夷，诸夷皆从之。牂柯太守朱褒、越嶲夷王高定皆叛应跻。诸葛亮以新遭大丧，皆抚而不讨，务农殖谷，闭关息民，民安食足而后用之。

秋，八月，丁卯，以廷尉钟繇为太尉，治书执法高柔代为廷尉。是时三公无事，又希与朝政，柔上疏曰：『公辅之臣，皆国之栋梁，民所具瞻，而置之三事，不使知政，遂各偃息养高，鲜有进纳，诚非朝廷崇用大臣之义，大臣献可替否之谓也。古者刑政有疑，辄议于槐、棘之下。②自今之后，朝有疑议及刑狱大事，宜数以咨访三公。三公朝朔、望之日，又可特延入讲论得失，博尽事情，庶有补起天听，光益大化。』帝嘉纳焉。

辛未，帝校猎于荥阳，遂东巡。九月，甲辰，如许昌。

汉尚书义阳邓芝言于诸葛亮曰：『今主上幼弱，初即尊位，宜遣大使重申吴好。』亮曰：『吾思之久矣，未得其人耳，今日始得之。』芝问：『其人为谁？』亮曰：『即使君也。』乃遣芝以中郎将修好于吴。冬，十月，芝至吴。时吴王犹未与魏绝，狐疑，不时见芝。芝乃自表请见曰：『臣今来，亦欲为吴，非但为蜀也。』吴王见之，曰：『孤诚愿与蜀和亲，然恐蜀主幼弱，国小势逼，③为魏所乘，不自保全耳。』芝对曰：『吴、蜀二国，四州之地。④大王命世之英，诸葛亮亦一时之杰也；蜀有重险之固，吴有三江之阻。合此二长，共为唇齿，进可并兼天下，退可鼎足而立，此理之自然也。大王今若委质于魏，魏必上望大王之入朝，下求太子之内侍，若不从命，则奉辞伐叛，蜀亦顺流见可而进。如此，江南之地非复大王之有也。』吴王默然良久曰：『君言是也。』遂绝魏，专与汉连和。

是岁，汉主立妃张氏为皇后。

五年　春，三月，帝自许昌还洛阳。

初平以来，学道废坠。夏，四月，初立太学；置博士，依汉制设《五经》课试之法。⑤

吴王使辅义中郎将吴郡张温聘于汉，自是吴、蜀信使不绝。时事所宜，吴主常令陆逊语诸葛亮；又刻印置逊所，王每与汉主及诸葛亮书，常过示逊，轻重、可否有所不安，每令改定，以印封之。

汉复遣邓芝聘于吴，吴主谓之曰：『若天下太平，二主分治，不亦乐乎？』芝对曰：『天无二日，土无二王。如并魏之后，大王未深识天命，君各茂其德，臣各尽其忠，将提枹鼓，则战争方始耳。』吴王大笑曰：『君之诚款乃当尔邪！』

秋，七月，帝东巡，如许昌。帝欲大兴军伐吴，侍中辛毗谏曰：『方今天下新定，土广民稀，而欲用之，臣诚未见其利也。先帝屡起锐师，临江而旋。今六军不增于故，而复循之，⑥此未易也。今日之计，莫若养民屯田，十年然后用之，则役不再举矣。』帝曰：『如卿意，更当以虏遗子孙邪？』对曰：『昔周文王以纣遗武王，惟知时也。』帝不从，留尚书仆射司马懿镇许昌。八月，为水军，亲御龙舟，循蔡、颍，浮淮如寿春。九月，至广陵。

吴安东将军徐盛建计，植木衣苇，为疑城假楼，自石头⑦至于江乘，⑧联绵相接数百里，一夕而成；又大浮舟舰于江。时江水盛长，帝临望，叹曰：『魏虽有武骑千群，无所用之，未可图也。』帝御龙舟，会暴风漂荡，几至覆没。帝问群臣：『权当自来否？』咸曰：『陛下亲征，权恐怖，必举国而应。又不敢以大众委之臣下，必当自来。』刘晔曰：『彼谓陛下欲以万乘之重牵己，而超越江湖者在于别将，必勒兵待事，未有进退也。』大驾停住积日，吴王不至，帝乃旋师。是时，曹休表得降贼辞：『孙权已在濡须口。』中领军卫臻曰：『权恃长江，未敢亢衡，⑨此必畏怖伪辞耳！』考核降者，果守将所作也。

吴张温少以俊才有盛名，顾雍以为当今无辈，诸葛亮亦重之。温荐引同郡暨艳为选部尚书。艳好为清议，弹射百僚，⑩核奏三署，率皆贬高就下，降损数等，其守故者，十未能一；其居位贪鄙，志节污卑者，皆以为军吏，置营府以处之；多扬人暗昧之失以显其谪。⑪同郡陆逊、逊弟瑁及侍御史朱据皆谏止之。瑁与艳书曰：『夫圣人嘉善矜愚，忘过记功，以成美化。如今王业始建，将一大统，此乃汉高弃瑕录用之时也。若令善恶异流，贵汝、颍月旦之评，诚可以厉俗明教，然恐未易行也。宜远模仲尼之泛爱，近则郭泰之容济，庶有益于大道也。』据谓艳曰：『天下未定，举清厉浊，足以沮劝；若一时贬黜，惧有后咎。』艳皆不听。于是怨愤盈路，争言艳及选曹郎徐彪专用私情，憎爱不由公理。艳、彪皆坐自杀。⑫温素与艳、彪同意，亦坐斥还本郡以给厮吏，⑬卒于家。始，温方盛用事，余姚虞俊叹曰：『张惠恕才多智少，华而不实，怨之所聚，有覆家之祸。吾见其兆矣。』无几何而败。

冬，十月，帝还许昌。

十一月，戊申晦，日有食之。

鲜卑轲比能诱步度根兄扶罗韩杀之，步度根由是怨轲比能，更相攻击。步度根部众稍弱，将其众万余落保太原、雁门；是岁，诣阙贡献。而轲比能众遂强盛，出击东部大人素利。护乌丸校尉田豫乘虚掎其后，轲比能使别帅琐奴拒豫，豫击破之。轲比能由是携贰，数为边寇，幽、并苦之。

【注释】①耆：老。②槐、棘：周代在君王会见臣子的外朝，种植三槐、九棘，以为朝臣列班的位次。后因以槐棘指公卿之位。③逼：狭窄，局促。④四州：即荆、扬、梁、益四州。⑤《五经》课试之法：博士课试之法，始于汉武帝。⑥循之：这里指抱怨。⑦石头：地名。在今南京市西。⑧江乘：地名。今江苏仪征城对岸。⑨亢：同『抗』。⑩清议：公正的评论。弹射：犹指摘。⑪暗昧：隐秘不正之事。⑫坐自杀：指因有罪被皇帝赐死。⑬厮：贱。

六年 春，二月，诏以陈群为镇军大将军，随车驾董督众军，录行尚书事；[1]司马懿为抚军大将军，留许昌，督后台文书。[2]三月，帝行如召陵，通讨虏渠；乙巳，还许昌。

并州刺史梁习讨轲比能，大破之。

汉诸葛亮率众讨雍闿等，参军马谡送之数十里。亮曰：『虽共谋之历年，今可更惠良规。』谡曰：『南中恃其险远，不服久矣。虽今日破之，明日复反耳。今公方倾国北伐以事强贼，彼知官势内虚，[3]其叛亦速。若殄尽遗类以除后患，既非仁者之情，且又不可仓促也。夫用兵之道，攻心为上，攻城为下，心战为上，兵战为下，愿公服其心而已。』亮纳其言。谡，良之弟也。

辛未，帝以舟师复征吴，群臣大议，宫正鲍勋谏曰：『王师屡征而未有所克者，盖以吴、蜀唇齿相依，凭阻山水，有难拔之势故也。往年龙舟飘荡，隔在南岸，圣躬蹈危，臣下破胆，此时宗庙几至倾覆，为百世之戒。今又劳兵袭远，日费千金，中国虚耗，令黠虏玩威，臣窃以为不可。』帝怒，左迁勋为治书执法。勋，信之子也。夏，五月，戊申，帝如谯。

吴丞相北海孙劭卒。初，吴当置丞相，众议归张昭，吴王曰：『方今多事，职大事责重，非所以优之也。』及劭卒，百僚复举昭，吴王曰：『孤岂为子布有爱乎！领丞相事烦，而此公性刚，所言不从，怨咎将兴，非所以益之也。』六月，以太常顾雍为丞相、平尚书事。雍为人寡言，举动时当，吴王尝叹曰：『顾君不言，言必有中。』至饮宴欢乐之际，左右恐有酒失，而雍必见之，是以不敢肆情。吴王亦曰：『顾公在座，使人不乐。』其见惮如此。初领尚书令，封阳遂乡侯，拜侯还寺，[4]而家人不知，后闻，乃惊。及为相，其所选用文武将吏，各随能所任，心无适莫。时访逮民间及政职所宜，辄密以闻。若见纳用，则归之于上；不用，终不宣泄。吴王以此重之。然于公朝有所陈及，辞色虽顺而所执者正；军国得失，自非面见，口未尝言。王常令中书郎诣雍有所咨访，若合雍意，事可施行，即相与反覆究而论之，为设酒食；如不合意，雍即正色改容，默默不言，无所施设。郎退告王，王曰：『顾公欢悦，是事合宜也；其不言者，是事未平也。孤当重思之。』江边诸将，各欲立功自效，多陈便宜，[5]有所掩袭。王以访雍。雍曰：『臣闻兵法戒于小利，此等所陈，欲邀功名而为其身，非为国也。陛下宜禁制，苟不足以曜威损敌，所不宜听也。』王从之。

利成郡兵蔡方等反，杀太守徐质，推郡人唐咨为主，诏屯骑校尉任福等讨平之。咨自海道亡入吴，吴人以为将军。

秋，七月，立皇子鉴为东武阳王。

汉诸葛亮至南中，所在战捷，亮由越巂入，斩雍闿及高定。使庲降督益州李恢由益州入，门下督巴西马忠由牂柯入，击破诸县，复与亮合。孟获收闿余众以拒亮。获素为夷、汉所服，亮募生致之，既得，使观于营陈之间，问曰：『此军何如？』获曰：『向者不知虚实，故败。今蒙赐观营陈，若只如此，即定易胜耳。』亮笑，纵使更战。七纵七禽而亮犹遣获，获止不去，曰：『公，天威也，南人不复反矣！』亮遂至滇池。[6]

益州、永昌、牂柯、越巂四郡皆平，亮即其渠率而用之。或以谏亮，亮曰：『若留外人，则当留兵，兵留则无所食，一不易也；加夷新伤破，父兄死丧，留外人而无兵者，必成祸患，二不易也；又，夷累有废杀之罪，自嫌衅重，若留外人，终不相信，三不易也。今吾欲使不留兵，不运粮，而纲纪粗定，夷、汉粗安故耳。』亮于是悉收其俊杰孟获等以为官属，出其金、银、丹、漆、耕牛、战马以给军国之用。自是终亮之世，夷不复反。

八月，帝以舟师自谯循涡入淮。尚书蒋济表言水道难通，帝不从。冬，十月，如广陵故城，临江观兵，戎卒十余万，旌旗数百里，有渡江之志。吴人严兵固守。时大寒，冰，舟不得入江。帝见波涛汹涌，叹曰：『嗟乎，固天所以限南北也！』遂归。孙韶遣将高寿等率敢死之士五百人，于径路夜要帝，[7]帝大惊。寿等获副车、羽盖以还。于是战船数千皆滞不得行，议者欲就留兵屯田，蒋济以为：『东近湖，[8]北临淮，若水盛时，贼易为寇，不可安屯。』帝从之，车驾即发。还，到精湖，[9]水稍尽，尽留船付济。船连延在数百里中，济更凿地作四五道，蹴船令聚；[10]豫作土豚遏断湖水，皆引后船，一时开遏入淮中，乃得还。

十一月，东武阳王鉴薨。

十二月，吴番阳贼彭绮攻没郡县，众数万人。

七年 春，正月，壬子，帝还洛阳，谓蒋济曰：『事不可不晓。吾前决谓分半烧船于山阳湖中，卿于后致之，略与吾俱至谯。又每得所陈，实入吾意。自今讨贼计画，善思论之。』

汉丞相亮欲出军汉中，前将军李严当知后事，移屯江州，留护军陈到驻永安，而统属于严。

吴陆逊以所在少谷，表令诸将增广农亩。吴王报曰：『甚善！令孤父子亲受田，车中八牛，以为四耦，[11]虽未及古人，亦欲与众均等其劳也。』

【注释】①行尚书：跟随魏文帝出行的尚书。②后台：留在许昌的尚书台。③官势：指国势。④寺：官邸。⑤便宜：因利乘便，见机行事。⑥滇池：县名。治今云南晋宁东。⑦要：通『邀』，中途拦截。⑧湖：即高邮湖。⑨精湖：湖名。今江苏淮安境。⑩蹴：踩，踏。⑪耦：合并两耜而耕。耜，古代的一种耕地翻土的农具，略似后代的犁。

帝之为太子也，郭夫人弟有罪，魏郡西部都尉鲍勋治之；太子请，不能得，由是恨勋。及即位，勋数直谏，帝益忿之。帝伐吴还，屯陈留界。勋为治书执法，太守孙邕见出，过勋。时营垒未成，但立标埒，[1]邕邪行，不从正道，军营令史刘曜欲推之，勋以堑垒未成，解止不举。帝闻之，诏曰：『勋指鹿作马，收付廷尉。』廷尉法议，『正刑五岁』，三官驳，[2]『依律，罚金二斤』，帝大怒曰：『勋无活分，而汝等欲纵之！收三官已下付刺奸，当令十鼠同穴！』钟繇、华歆、陈群、辛毗、高柔、卫臻等并表勋父信有功于太祖，求请勋罪，帝不许。高柔固执不从诏命，帝怒甚，召柔诣台，[3]遣使者承指至廷尉诛勋。勋死，乃遣柔还寺。

票骑将军都阳侯曹洪，家富而性吝啬，帝在东宫，尝从洪贷绢百匹，不称意，恨之。遂以舍客犯法，下狱当死，群臣并救，莫能得。卞太后责怒帝曰：『梁、沛之间，非子廉无有今日！』又谓郭后曰：『令曹洪今日死，吾明日敕帝废后矣！』于是郭后泣涕屡请，乃得免官，削爵土。

初，郭后无子，帝使母养平原王睿；以睿母甄夫人被诛，故未建为嗣。睿事后甚谨，后亦爱之。帝与睿猎，见子母鹿，帝亲射杀其母，命睿射其子。睿泣曰：『陛下已杀其母，臣不忍复杀其子。』帝即放弓矢，为之恻然。夏，五月，帝疾笃，乃立睿为太子。丙辰，召中军大将军曹真、镇军大将军陈群、抚军大将军司马懿，并受遗诏辅政。丁巳，帝殂。

陈寿评曰：文帝天资文藻，下笔成章，博闻强识，才艺兼该。若加之旷大之度，励以公平之诚，迈志存道，④克广德心，则古之贤主，何远之有哉！

太子即皇帝位，尊皇太后曰太皇太后，皇后曰皇太后。初，明帝在东宫，不交朝臣，不问政事，惟潜思书籍；即位之后，群下想闻风采。居数日，独见侍中刘晔，语尽日，众人侧听，晔既出，问：『何如？』曰：『秦始皇、汉孝武之俦，才具微不及耳。』

帝初莅政，陈群上疏曰：『夫臣下雷同，是非相蔽，国之大患也。若不和睦则有雠党，有雠党则毁誉无端，毁誉无端则真伪失实，此皆不可不深察也。』

癸未，追谥甄夫人曰文昭皇后。

壬辰，立皇弟蕤为阳平王。

六月，戊寅，葬文帝于首阳陵。⑤

吴王闻魏有大丧，秋，八月，自将攻江夏郡，太守文聘坚守。朝议欲发兵救之。帝曰：『权习水战，所以敢下船陆攻者，冀掩不备也。今已与聘相拒。夫攻守势倍，终不敢久也。』先是，朝廷遣治书侍御史荀禹慰劳边方，禹到江夏，发所经县兵及所从步骑千人乘山举火，吴王遁走。

辛巳，立皇子冏为清河王。

吴左将军诸葛瑾等寇襄阳，司马懿击破之，斩其部将张霸。曹真又破其别将于寻阳。

吴丹杨、吴、会山民复为寇，⑥攻没属县。吴王分三郡险地为东安郡，以绥南将军全琮领太守。琮至，明赏罚，招诱降附，数年，得万余人。吴王召琮还牛渚，罢东安郡。

冬，十月，清河王冏卒。

吴陆逊陈便宜，劝吴王以施德缓刑，宽赋息调。又云：『忠谠之言，不能极陈；⑦求容小臣，数以利闻。』王报曰：『《书》载：「予违汝弼」，⑧而云不敢极陈，何得为忠谠哉！』于是令有司尽写科条，⑨使郎中褚逢赍以就逊及诸葛瑾，意所不安，令损益之。

十二月，以钟繇为太傅，曹休为大司马，都督扬州如故；曹真为大将军，华歆为太尉，王朗为司徒，陈群为司空，司马懿为票骑大将军。歆让位于管宁，帝不许。征宁为光禄大夫，敕青州给安车吏从，⑩以礼发遣，宁复不至。

是岁，吴交趾太守士燮卒，吴王以燮子徽为安远将军，领九真太守，以校尉陈时代燮。交州刺史吕岱以交趾绝远，表分海南三郡为交州，以将军戴良为刺史；海东四郡为广州，岱自为刺史；遣良与时南入。而徽自署交趾太守，发宗兵拒良，⑪良留合浦。交趾桓邻，燮举吏也，叩头谏徽，使迎良。徽怒，笞杀邻，邻兄治合宗兵击，不克。吕岱上疏请讨徽，督兵三千人，晨夜浮海而往。或谓岱曰：『徽藉累世之恩，为一州所附，未易轻也。』岱曰：『今徽虽怀逆计，未虞吾之卒至；若我潜军轻举，掩其无备，破之必也。稽留不速，使得生心，婴城固守，七郡百蛮云合响应，虽有智者，谁能图之！』遂行，过合浦，与良俱进。岱以燮弟子辅为师友从事，⑫遣往说徽。徽率其兄弟六人出降，岱皆斩之。

孙盛论曰：夫柔远能迩，⑬莫善于信。吕岱师友士辅，使通信誓；徽兄弟肉袒，推心委命，岱因灭之以要功利，君子是以知吕氏之祚不延者也。⑭

徽大将军甘醴及桓治率吏民共攻岱，岱奋击，破之。于是除广州，复为交州如故。岱进讨九真，斩获以万数；又遣从事南宣威命，暨徼外扶南、林邑、堂明诸王，⑮各遣使入贡于吴。

【注释】

①埒：矮墙。推：推问，推究。②三官：此指廷尉正、廷尉监、廷尉平。③台：尚书台。④迈：通『励』，勤勉。⑤首阳陵：在洛阳东北的首阳山。⑥吴、会：即吴郡、会稽郡。⑦谠：正直。极：通『亟』，急。⑧弼：纠正。⑨科条：

法令条规。⑩安车：用一匹马拉，可以乘坐的小车。古时的车一般没有座位，此车有座，所以称为安车。⑪宗兵：自汉末之乱，南方人率宗党相聚为兵以自卫。⑫师友从事：任命为从事，而待以师友之礼。⑬能：亲善。⑭祚不延：吕岱的子孙们没有什么名气。⑮暨：及，至。徼：边界。扶南：中南半岛古国。意为『山地之王』，位今柬埔寨。林邑：即占城，古国名。故地在今越南中南部。

晋纪

孝怀皇帝上[1]

永嘉元年 春，正月，癸丑，大赦，改元。

吏部郎周穆，太傅越之姑子也，与其妹夫御史中丞诸葛玫说越曰：『主上之为太弟，张方意也。清河王本太子，公宜立之。』越不许。重言之，越怒，斩之。

二月，王弥寇青、徐二州，自称征东大将军，攻杀二千石。太傅越以公车令东莱鞠羡为本郡太守，以讨弥，弥击杀之。

陈敏刑政无章，不为英俊所附；子弟凶暴，所在为患；顾荣、周玘等忧之。庐江内史华谭遗荣等书曰：『陈敏盗据吴、会，命危朝露。诸君或剖符名郡，或列为近臣，而更辱身奸人之朝，降节叛逆之党，不亦羞乎！吴武烈父子皆以英杰之才，继承大业。今以陈敏凶狡，七弟顽冗，欲蹑桓王之高踪，[2]蹈大皇之绝轨，[3]远度诸贤，犹当未许也。皇舆东返，俊彦盈朝，将举六师以清建业，诸贤何颜复见中州之士邪？』荣等素有图敏之心，及得书，甚惭，密遣使报征东大将军刘准，使发兵临江，己为内应，剪发为信。准遣扬州刺史刘机等出历阳讨敏。

敏使其弟广武将军昶将兵数万屯乌江，[4]历阳太守宏屯牛渚。敏弟处知顾荣等有贰心，劝敏杀之，敏不从。

昶司马钱广，周玘同郡人也，玘密使广杀昶，因宣言州下已杀敏，敢动者诛三族。广勒兵朱雀桥南。[5]敏遣甘卓讨广，坚甲精兵尽委之。顾荣虑敏疑之，故往就敏。敏曰：『卿当四出镇卫，岂得就我邪！』荣乃出，与周玘共说甘卓曰：『若江东之事可济，当共成之。然卿观兹事势，当有济理不？敏既常才，政令反覆，计无所定，其子弟各已骄矜，其败必矣。而吾等安然受其官禄，事败之日，使江西诸军函首送洛，[6]题曰「逆贼顾荣、甘卓之首」，此万世之辱也！』卓遂诈称疾，迎女，断桥，收船南岸，与玘、荣及前松滋侯相丹杨纪瞻共攻敏。

敏自帅万余人讨卓，军人隔水语敏众曰：『本所以戮力陈公者，正以顾丹杨、周安丰耳；今皆异矣，汝等何为！』敏众狐疑未决，荣以白羽扇麾之，众皆溃去。敏单骑北走，追获之于江乘，[7]叹曰：『诸人误我，以至今日！』谓弟处曰：『我负卿，卿不负我！』遂斩敏于建业，夷三族。于是会稽等郡尽杀敏诸弟。

时平东将军周馥代刘准镇寿春。三月，己未朔，[8]馥传敏首至京师。诏征顾荣为侍中，纪瞻为尚书郎。太傅越辟周玘为参军，陆玩为掾。玩，机之从弟也。荣等至徐州，闻北方愈乱，疑不进，越与徐州刺史裴盾书曰：『若荣等顾望，以军礼发遣！』荣等惧，逃归。盾，楷之兄子，越妃兄也。

【注释】

①孝怀皇帝：即司马炽（公元284～313年）。字丰度，晋武帝第二十五子，河内温县（今河南温县西）人。初封豫章郡王。惠帝永兴元年（公元304年），立为皇太弟。惠帝卒，即帝位。永嘉五年（公元311年），被汉国刘曜所俘获，送到平阳。两年后被杀。②吴武烈：即孙坚。桓王：即孙策。③大皇：即孙权。④乌江：县名，今安徽和县东北。⑤朱雀桥：今江苏南京市南秦淮河上。⑥江西：随唐以前，习惯上称长江下游北岸淮水以南的地区为江西。⑦江乘：县名，今江苏句容北。⑧己未朔：三月辛亥朔，己未是初九，『朔』当为衍文。

西阳夷寇江夏，[1]太守杨珉请督将议之。诸将争献方略，骑督朱伺独不言。珉曰：『朱将军何以不言？』伺曰：『诸人以舌击贼，伺惟以力耳。』珉又问：『将军前后击贼，何以常胜？』伺曰：『两敌共对，惟当忍之；彼不能忍，我能忍，是以胜耳。』珉善之。

诏追复杨太后尊号；丁卯，改葬之，谥曰武悼。

庚午，立清河王覃弟豫章王诠为皇太子。辛未，大赦。

帝亲览大政，留心庶事；太傅越不悦，固求出藩。庚辰，越出镇许昌。

以高密王略为征南大将军，都督荆州诸军事，镇襄阳；南阳王模为征西大将军，都督秦、雍、梁、益四州诸军事，镇长安；东燕王腾为新蔡王，都督司、冀二州诸军事，仍镇邺。

公师藩既死，汲桑逃还苑中，更聚众劫掠郡县，自称大将军，声言为成都王报仇；以石勒为前驱，所向辄克，署勒扫虏将军，遂进攻邺。时邺中府库空竭，而新蔡武哀王腾资用甚饶。腾性吝啬，无所振惠，临急，乃赐将士米各数升，帛各丈尺，以是人不为用。夏，五月，桑大破魏郡太守冯嵩，长驱入邺，腾轻骑出奔，为桑将李丰所杀。桑出成都王颖棺，载之车中，每事启而后行。遂烧邺宫，火旬日不灭；杀士民万余人，大掠而去。济自延津，[2]南击兖州。太傅越大惧，使苟晞及将军王赞等讨之。

秦州流民邓定、訇氏等据成固，[3]寇掠汉中，梁州刺史张殷遣巴西太守张燕讨之。邓定等饥窘，诈降于燕，且赂之，燕为之援师。定密遣訇氏求救于成，成主雄遣太尉离、司徒云、司空璜将兵二万救定。与燕战，大破之，张殷及汉中太守杜孟治弃城走。积十余日，离等引还，尽徙汉中民于蜀。汉中人句方、白落帅吏民还守南郑。④

石勒与苟晞等相持于平原、阳平间，数月，⑤大小三十余战，互有胜负。秋，七月，己酉朔，太傅越屯官渡，⑥为晞声援。

己未，以琅邪王睿为安东将军，都督扬州江南诸军事，假节，镇建业。

八月，己卯朔，苟晞击汲桑于东武阳，大破之。桑退保清渊。⑦

分荆州、江州八郡为湘州。⑧

【注释】

①西阳：县名，今湖北黄冈东。②延津：又名灵昌津，在今河南汲县东古黄河上。③訇：姓氏。成固：县名，治今陕西城固东汉江北岸。④南郑：县名，今陕西汉中市东。⑤平原：县名，治山东平原西南。阳平：县名，今山东莘县。⑥官渡：地名在今河南中牟东北。⑦东武阳：县名，今山东莘县东南。清渊：县名，今河北馆陶西北。⑧湘州：所属八郡，据《宋书·州郡志》，为原先荆州的长沙、衡阳、湘东、邵陵、零陵、营阳、建昌以及江州的桂阳，治今湖南长沙。

九月，戊申，琅邪王睿至建业。睿以安东司马王导为谋主，推心亲信，每事咨焉。睿名论素轻，吴人不附，居久之，士大夫莫有至者，导患之。会睿出观禊，①导使睿乘肩舆，②具威仪，导与诸名胜皆骑从，纪瞻、顾荣等见之惊异，相帅拜于道左。导因说睿曰：『顾荣、贺循，此土之望，宜引之以结人心。二子既至，则无不来矣。』睿乃使导躬造循、荣，二人皆应命而至。以循为吴国内史；荣为军司，加散骑常侍，凡军府政事，皆与之谋议。又以纪瞻为军祭酒，卞壶为从事中郎，周玘为仓曹属，琅邪刘超为舍人，张懔及鲁国孔衍为参军。壶，粹之子；懔，昭之曾孙也。③王导说睿：『谦以接士，俭以足用，用清静为政，抚绥新旧。』故江东归心焉。睿初至，颇以酒废事；导以为言。睿命酌，引觞覆之，于此遂绝。

苟晞追击汲桑，破其八垒，死者万余人。桑与石勒收余众，将奔汉，冀州刺史谯国丁绍邀之于赤桥，④又破之。

桑奔马牧，勒奔乐平。⑤太傅越还许昌，加荀晞抚军将军、都督青、兖诸军事，丁绍宁北将军，监冀州诸军事，皆假节。晞屡破强寇，威名甚盛，善治繁剧，用法严峻。其从母依之，晞奉养甚厚。从母子求为将，晞不许，曰：『吾不以王法贷人，将无后悔邪！』固求之，晞乃以为督护；后犯法，晞杖节斩之，从母叩头救之，不听。既而素服哭之曰：『杀卿者，兖州刺史；哭弟者，荀道将也。』⑥

胡部大张訇督、冯莫突等，⑦拥众数千，壁于上党，石勒往从之，因说訇督等曰：『刘单于举兵击晋，⑧部大拒而不从，自度终能独立乎？』曰：『不能。』勒曰：『然则安可不早有所属！今部落皆已受单于赏募，往往聚议，欲叛部大而归单于矣。』訇督等以为然。冬，十月，訇督等随勒单骑归汉，汉王渊署訇督为亲汉王，莫突为都督部大，以勒为辅汉将军、平晋王，以统之。

乌桓张伏利度有众二千，壁于乐平，渊屡招，不能致。勒伪获罪于渊，往奔伏利度；伏利度喜，结为兄弟，使勒帅诸胡寇掠，所向无前，诸胡畏服。勒知众心之附己，乃因会执伏利度，谓诸胡曰：『今起大事，我与伏利度谁堪为主？』诸胡咸推勒。勒于是释伏利度，帅其众归汉。渊加勒督山东征诸军事，以伏利度之众配之。

十一月，戊申朔，日有食之。

甲寅，以尚书右仆射和郁为征北将军，镇邺。

乙亥，以王衍为司徒。衍说太傅越曰：『朝廷危乱，当赖方伯，宜得文武兼资以任之。』乃以弟澄为荆州都督，族弟敦为青州刺史，语之曰：『荆州有江、汉之固，青州有负海之险，卿二人在外而吾居中，足以为三窟矣。』澄至镇，以郭舒为别驾，委以府事。澄日夜纵酒，不亲庶务，虽寇戎交急，不以为怀。舒常切谏，以为宜爱民养兵，保全州境，澄不从。

【注释】

①禊：古代于春秋两季在水边举行的一种祭礼。②肩舆：用人力抬扛的代步工具。③张昭（公元156～236年）：三国时吴国大臣。字子布，彭城（治今江苏徐州）人。东汉末，辅佐孙策奠立吴国基业，任长史。策去世，辅佐孙权，为军师。权称帝，为辅吴将军，封娄侯。一度不参与政事，在家治学。著《春秋左氏传解》《论语注》等，今已佚。④赤桥：地名，在今山东临清境内。⑤乐平：县名，今山东聊城西南。⑥苟道将：即苟将，玘字道将。⑦部大：胡

人对一部的首领的称呼。⑦匐：人名用字。⑧刘单于：指刘渊。

十二月，戊寅，乞活田甄、田兰、薄盛等起兵，为新蔡王腾复仇，斩汲桑于乐陵。①弃成都王颖棺于故井中，颖故臣收葬之。

甲午，以前太傅刘实为太尉，实以老固辞，不许。庚子，以光禄大夫高光为尚书令。

前北军中候吕雍、度支校尉陈颜等，谋立清河王覃为太子；②事觉，太傅越矫诏囚覃于金墉城。

初，太傅越与苟晞亲善，引升堂，结为兄弟。司马潘滔说越曰：『兖州冲要，魏武以之创业。苟晞有大志，非纯臣也，久令处之，则患生心腹矣。若迁于青州，厚其名号，晞必悦。公自牧兖州，经纬诸夏，藩卫本朝，此所谓为之于未乱者也。』越以为然。癸卯，越自为丞相，领兖州牧，都督兖、豫、司、冀、幽、并诸军事。以晞为征东大将军、开府仪同三司，加侍中、假节、都督青州诸军事，领青州刺史，封东平郡公。越、晞由是有隙。

晞至青州，以严刻立威，日行斩戮，州人谓之『屠伯』。③顿丘太守魏植为流民所逼，众五六万，大掠兖州，晞出屯无盐以讨之。④以弟纯领青川，刑杀更甚于晞。晞讨植，破之。

初，阳平刘灵，少贫贱，力制奔牛，走及奔马，时人虽异之，莫能举也。灵抚膺叹曰：『天乎，何当乱也！』及公师藩起，灵自称将军，寇掠赵、魏。会王弥为苟纯所败，灵亦为王赞所败，遂俱遣使降汉。汉拜弥镇东大将军、青徐二州牧、都督缘海诸军事，封东莱公；以灵为平北将军。

李钊至宁州，州人奉钊领州事。治中毛孟诣京师，求刺史，累上奏，不见省。孟曰：『君亡亲丧，幽闭穷城，万里诉哀，精诚无感，生不如死！』欲自刎，朝廷怜之，以魏兴太守王逊为宁州刺史，仍诏交州出兵救李钊。交州刺史吾彦遣其子咨将兵救之。

慕容廆自称鲜卑大单于。

拓跋禄官卒，弟猗卢总摄三部，与廆通好。

【注释】

①乐陵：县名，今山东乐陵东南。②度支校尉：职官名，大约是当时所置，负责粮草督运的官员。③屠伯：最

凶恶的刽子手。④无盐：县名，今山东东平东无盐村。

二年 春，正月，丙午朔，日有食之。

丁未，大赦。

汉王渊遣抚军将军聪等十将南据太行，辅汉将军石勒等十将东下赵、魏。

二月，辛卯，太傅越杀清河王覃。

庚子，石勒寇常山，王浚击破之。

凉州刺史张轨病风，口不能言，使其子茂摄州事。陇西内史晋昌张越，凉州大族，欲逐轨而代之，与其兄酒泉太守镇及西平太守曹祛，谋遣使诣长安告南阳王模，称轨废疾，请以秦州刺史贾龛代之。龛将受之，其兄让龛曰：『张凉州一时名士，威著西州，汝何德以代之！』龛乃止。镇、祛上疏，更请刺史，未报；遂移檄废轨，以军司杜耽摄州事，使耽表越为刺史。

轨下教，欲避位，归老宜阳。①长史王融、参军孟畅蹋折镇檄，排阁入言曰：『晋室多故，明公抚宁西夏，张镇兄弟敢肆凶逆，当鸣鼓诛之。』遂出，戒严。会轨长子实自京师还，乃以实为中督护，将兵讨镇。遣镇甥太府主簿令狐亚先往说镇，为陈利害，镇流涕曰：『人误我！』乃诣实归罪。实南击曹祛，走之。

朝廷得镇、祛疏，以侍中袁瑜为凉州刺史。治中杨澹驰诣长安，割耳盘上，诉轨之被诬。南阳王模表请停瑜，武威太守张琠亦上表留轨；②诏依模所表，且命诛曹祛。轨于是命实帅步骑三万讨祛，斩之。张越奔邺，凉州乃定。

三月，太傅越自许昌徙镇鄄城。③

王弥收集亡散，兵复大振。分遣诸将攻掠青、徐、兖、豫四州，所过攻陷郡县，多杀守令，有众数万；苟晞与之连战，不能克。夏，四月，丁亥，弥入许昌。

太傅越遣司马王斌帅甲士五千人入卫京师，张轨亦遣督护北宫纯将兵卫京师。五月，弥入自轘辕，④败官军于伊北，京师大震，宫城门昼闭。壬戌，弥至洛阳，屯于津阳门。⑤诏以王衍都督征讨诸军事。甲子，衍与王斌等出战，北宫纯募勇士百余人突陈，弥兵大败。乙丑，弥烧建春门而东，衍遣左卫将军王秉追之，战于七里涧，又败之。

弥走渡河，与王桑自轵关如平阳。[6]汉王渊遣侍中兼御史大夫郊迎，令曰：『孤亲行将军之馆，拂席洗爵，敬待将军。』及至，拜司隶校尉，加侍中、特进，以桑为散骑侍郎。

北宫纯等与汉刘聪战于河东，败之。

诏封张轨西平郡公，轨辞不受。时州郡之使，莫有至者，轨独遣使贡献，岁时不绝。

秋，七月，甲辰，汉王渊寇平阳，太守宋抽弃郡走，河东太守路述战死；渊徙都蒲子。[7]上郡鲜卑陆逐延、氐酋单征并降于汉。

八月，丁亥，太傅越自鄄城徙屯濮阳；未几，又徙屯荥阳。

九月，汉王弥、石勒寇邺，和郁弃城走。诏豫州刺史裴宪屯白马以拒弥，车骑将军王堪屯东燕以拒勒，[8]平北将军曹武屯大阳以备蒲子。宪，楷之子也。

冬，十月，甲戌，汉王渊即皇帝位，大赦，改元永凤。十一月，以其子和为大将军，聪为车骑大将军，族子曜为龙骧大将军。

壬寅，并州刺史刘琨使上党太守刘琨帅鲜卑攻壶关，[9]汉镇东将军綦毋达战败亡归。

丙午，汉都督中外诸军事、大司马、领丞相右贤王宣卒。

石勒、刘灵帅众三万寇魏郡、汲郡、顿丘，百姓望风降附者五十余垒；皆假垒主将军、都尉印绶，简其强壮五万为军士，老弱安堵如故。己酉，勒执魏郡太守王粹于三台，[10]杀之。

十二月，辛未朔，大赦。

乙亥，汉主渊以大将军和为大司马，封梁王；尚书令欢乐为大司徒，封陈留王；后父御史大夫呼延翼为大司空，封雁门郡公；宗室以亲疏悉封郡县王，异姓以功伐悉封郡县公侯。

成尚书令杨褒卒。褒好直言，成主雄初得蜀，用度不足，诸将有以献金银得官者，褒谏曰：『陛下设官爵，当网罗天下英豪，何有以官买金邪！』雄谢之。雄尝醉，推中书令杖太官令，褒进曰：『天子穆穆，诸侯皇皇。[11]安有天子而为酗也！』雄惭而止。

成平寇将军李凤屯晋寿，[12]屡寇汉中，汉中民东走荆沔。诏以张光为梁州刺史。荆州寇盗不禁，诏起刘琨为顺阳刺史，江、汉间翕然归之。

【注释】①归老宜阳：张轨本为安定乌氏（治今宁夏固原东南）人，因年少时曾和同郡人皇甫谧一起隐于宜阳女儿山（今河南宜阳西南），故称要“归老宜阳”。②璜：张璜……。③鄄城：县名，今山东鄄城北。④轘辕：关名，在今河南偃师东南轘辕山上。⑤津阳门：洛阳城南面东头第二门。⑥轵关：关隘名，在今河南济源西北。平阳：县名，今山西临汾市西南金殿。⑦蒲子：县名，治今山西隰县。⑧东燕：县名，今河南延津东北。大阳：县名，今山西平陆西南平陆城。⑨壶关：关隘名，在今山西长治东南壶口。⑩三台：东汉建安十五年（公元210年），由曹操主持，在今河北临漳西南故邺城西北隅修建的三个台阁。中央是铜雀台，高十丈；南边是金雀台，北边是冰井台，各高八丈。⑪“天子穆穆”二句：穆穆、皇皇，形容端庄肃穆的样子。全句意谓天子、诸侯应该端庄，讲究仪态。⑫晋寿：县名，今四川广元西南。

孝怀皇帝中

永嘉三年 春，正月，辛丑朔，荧惑犯紫微。①汉太史令宣于修之，言于汉主渊曰：『不出三年，必克洛阳。蒲子崎岖，难以久安；平阳气象方昌，请徙都之。』渊从之。大赦，改元河瑞。

三月，戊申，高密孝王略薨。以尚书左仆射山简为征南将军、都督荆、湘、交、广四州诸军事，镇襄阳。简，涛之子也，嗜酒，不恤政事；表『顺阳内史刘璠得众心，恐百姓劫璠为主』。诏征璠为越骑校尉。南州由是遂乱，父老莫不追思刘弘。

丁巳，太傅越自荥阳入京师。中书监王敦谓所亲曰：『太傅专执威权，而选用表请，尚书犹以旧制裁之，今日之来，必有所诛。』

帝之为太弟也，与中庶子缪播亲善，及即位，以播为中书监，缪胤为太仆卿，委以心膂；帝舅散骑常侍王延、尚书何绥、太史令高堂冲，并参机密。越疑朝臣贰于己，刘舆、潘滔劝越悉诛播等。越乃诬播等欲为乱，乙丑，遣平东将军王秉，帅甲士三千入宫，执播等十余人于帝侧，付廷尉，杀之。帝叹息流涕而已。

绥，曾之孙也。初，何曾侍武帝宴，退，谓诸子曰：『主上开创大业，吾每宴见，未尝闻经国远图，惟说平生常事，非贻厥孙谋之道也，②及身而已，后嗣其殆乎！汝辈犹可以免。』指诸孙曰：『此属必及于难。』及绥死，兄嵩哭之曰：『我祖其殆圣乎！』曾日食万钱，犹云无下箸处。子劭，日食二万。绥及弟机、羡，汰侈尤甚；与人书疏，词礼简傲。河内王尼见绥书，谓人曰：『伯蔚居乱世而矜豪乃尔，③其能免乎？』人曰：『伯蔚闻卿言，必相危害。』尼曰：『伯蔚比闻我言，自己死矣！』及永嘉之末，何氏无遗种。

臣光曰：何曾讥武帝偷惰，取过目前，不为远虑；知天下将乱，子孙必与其忧，何其明也！然身为僭侈，使子孙承流，卒以骄奢亡族，其明安在哉！且身为宰相，知其君之过，不以告而私语于家，非忠臣也。

太傅越以王敦为扬州刺史。

刘实连年请老，朝廷不许。尚书左丞刘坦上言：『古之养老，以不事为忧，④不以吏之为重，谓宜听实所守。』丁卯，诏实以侯就第。以王衍为太尉。

太傅越解兖州牧，领司徒。越以顷来兴事，多由殿省，乃奏宿卫有侯爵者皆罢之。时殿中武官并封侯，由是出者略尽，皆泣涕而去。更使右卫将军何伦、左卫将军王秉领东海国兵数百人宿卫。

左积弩将军朱诞奔汉，具陈洛阳孤弱，劝汉主渊攻之。渊以诞为前锋都督，以灭晋大将军刘景为大都督，将兵攻黎阳，⑤克之；又败王堪于延津，沈男女三万余人于河。渊闻之，怒曰：『景何面复见朕？且天道岂能容之？吾所欲除者，司马氏耳，细民何罪？』黜景为平虏将军。

【注释】①荧惑：火星别名。因隐现不定，令人迷惑，故有此称。②贻厥孙谋：意为『留下安邦定国的好谋略。』③伯蔚：何绥表字。④不事：不安排职任。⑤黎阳：县名，今河南浚县东北。

夏，大旱，江、汉、河、洛皆竭，可涉。

汉安东大将军石勒寇巨鹿、常山，众至十余万，集衣冠人物，①别为君子营。以赵郡张宾为谋主，刁膺为股肱，夔安、孔苌、支雄、桃豹、逯明为爪牙，②并州诸胡羯多从之。

初，张宾好读书，阔达有大志，常自比张子房。③及石勒徇山东，宾谓所亲曰：『吾历观诸将，无如此胡将军者，可与共成大业！』乃提剑诣军门，大呼请见，勒亦未之奇也。宾数以策干勒，已而皆如所言。勒由是奇之，署为军功曹，动静咨之。

汉主渊以王弥为侍中、都督青、徐、兖、豫、荆、扬六州诸军事、征东大将军、青州牧，与楚王聪共攻壶关，以石勒为前锋都督。刘琨遣护军黄肃、韩述救之，聪败述于西涧，勒败肃于封田，④皆杀之。

太傅越遣淮南内史王旷、将军施融、曹超将兵拒聪等。旷济河，欲长驱而前，融曰：『彼乘险间出，我虽有数万之众，犹是一军独受敌也。且当阻水为固以量形势，然后图之。』旷怒曰：『君欲沮众邪！』融退，曰：『彼善用兵，旷暗于事势，吾属今必死矣！』旷等逾太行与聪遇，战于长平之间，⑤旷兵大败，融、超皆死。

聪遂破屯留、长子，⑥凡斩获万九千级。上党太守庞淳以壶关降汉。刘琨以都尉张倚领上党太守，据襄垣。⑦

初，匈奴刘猛死，⑧右贤王去卑子之诰升爰代领其众。诰升爰卒，子虎立，居新兴，⑨号铁弗氏，与白部鲜卑皆附于汉。

刘琨自将击虎，刘聪遣兵袭晋阳，不克。

五月，汉主渊封子裕为齐王，隆为鲁王。

秋，八月，汉主渊命楚王聪等进攻洛阳；诏平北将军曹武等拒之，皆为聪所败。聪长驱至宜阳，自恃骤胜，怠不设备。

九月，弘农太守垣延诈降，夜袭聪军，聪大败而还。

王浚遣祁弘与鲜卑段务勿尘击石勒于飞龙山，⑩大破之，勒退屯黎阳。

【注释】①衣冠：士大夫的穿戴，借喻为士大夫、官绅。②苌、逯：皆人名。③张子房：即秦末汉初的张良。④西涧：地名，在今山西长治市西南。封田：城名，在今山西长治市西北。⑤长平：县名，治今河南西华东北。⑥屯留：县名，治今山西屯留南古城。长子：县名，治今山西长子西南。⑦襄垣：县名，今山西襄垣北。⑧『匈奴』句：刘猛因反叛出塞而被杀。⑨新兴：郡名，今山西忻县。⑩飞龙山：山名，一名封龙山，在今河北获鹿南。

冬，十月，汉主渊复遣楚王聪、王弥、始安王曜、汝阴王景帅精骑五万寇洛阳，大司空雁门刚穆公呼延翼帅步卒继之。丙辰，聪等至宜阳。朝廷以汉兵新败，不意其复至，大惧。辛酉，聪屯西明门。[1]北宫纯等夜帅勇士千余人出攻汉壁，斩其征虏将军呼延颢。壬戌，聪南屯洛水。乙丑，呼延翼为其下所杀，其众自大阳溃归。渊敕聪等还师。聪表称晋兵微弱，不可以翼、颢死故还师，固请留攻洛阳，渊许之。太傅越婴城自守。戊寅，聪亲祈嵩山，留平晋将军安阳哀王厉、冠军将军呼延朗督摄留军；太傅参军孙询说越乘虚出击朗，斩之，厉赴水死。王弥谓聪曰：『今军既失利，洛阳守备犹固，运车在陕，粮食不支数日。殿下不如与龙骧还平阳，[2]裹粮发卒，更为后举；下官亦收兵谷，待命于兖、豫，不亦可乎？』聪自以请留，未敢还。宣于修之言于渊曰：『岁在辛未，乃得洛阳。今晋气犹盛，大军不归，必败。』渊乃召聪等还。

天水人訇琦等杀成太尉李离、尚书令阎式，以梓潼降罗尚。成主雄遣太傅骧、司徒云、司空璜攻之，不克，云、璜战死。

初，谯周有子居巴西，[3]成巴西太守马脱杀之，其子登诣刘弘请兵以复仇。弘表登为梓潼内史，使自募巴、蜀流民，得二千人；西上，至巴郡，从罗尚求益兵，不得。登进攻宕渠，[4]斩马脱，食其肝。会梓潼降，登进据涪城；雄自攻之，为登所败。

十一月，甲申，汉楚王聪、始安王曜归于平阳。王弥南出轘辕，流民之在颍川、襄城、汝南、南阳、河南者数万家，素为居民所苦，皆烧城邑，杀二千石、长吏以应弥。

石勒寇信都，[5]杀冀州刺史王斌。王浚自领冀州。诏车骑将军王堪、北中郎将裴宪将兵讨勒，勒引兵还，拒之；魏郡太守刘矩以郡降勒。勒至黎阳，裴宪弃军奔淮南，王堪退保仓垣。[6]

十二月，汉主渊以陈留王欢乐为太傅，楚王聪为大司徒，江都王延年为大司空。遣都护大将军曲阳王贤与征北大将军刘灵、安北将军赵固、平北将军王桑，东屯内黄。[7]王弥表左长史曹嶷行安东将军，东徇青州，且迎其家；渊许之。

初，东夷校尉勃海李臻，与王浚约共辅晋室，浚内有异志，臻恨之。和演之死也，别驾昌黎王诞亡归李臻，说臻举兵讨浚。臻遣其子成将兵击浚。辽东太守庞本，素与臻有隙，乘虚袭杀臻，遣人杀成于无虑。[8]诞亡归慕容廆。诏以勃海封释代臻为东夷校尉，庞本复谋杀之；释子悛劝释伏兵请本，收斩之，悉诛其家。

【注释】

①西明门：洛阳（今河南洛阳东北）西面南头第二门。②龙骧：指龙骧大将军刘曜。③谯周（公元201～270年）：三国时蜀国名士。字允南，巴西西充国（今四川阆中西南）人。有才学，刘禅末年，官至光禄大夫。因劝刘禅降魏有功，被司马昭封为阳城亭侯，入晋官至散骑常侍。著有《法训》《五经论》《古史考》等，已佚。④宕渠：县名，今四川渠县东北。⑤信都：县名，今河北邢台市西南。⑥仓垣：地名，在今河南开封西北。⑦内黄：县名，今河南内黄西北。⑧无虑：县名，今辽宁北镇东南大亮甲村。

四年 春，正月，乙丑朔，大赦。

汉主渊立单征女为皇后，梁王和为皇太子，大赦；封子乂为北海王；以长乐王洋为大司马。

汉镇东大将军石勒济河，拔白马，王弥以三万众会之，共寇徐、豫、兖州。二月，勒袭鄄城，杀兖州刺史袁孚，遂拔仓垣，杀王堪。复北济河，攻冀州诸郡，民从之者九万余口。

成太尉李国镇巴西，帐下文石杀国，以巴西降罗尚。

太傅越征建威将军吴兴钱琻及扬州刺史王敦。琻谋杀敦以反，①敦奔建业，告琅邪王睿。琻遂反，进寇阳羡，②睿遣将军郭逸等讨之；周玘纠合乡里，与逸等共讨琻，斩之。玘三定江南，③睿以玘为吴兴太守，于其乡里置义兴郡以旌之。④

曹嶷自大梁引兵而东，⑤所至皆下，遂克东平，进攻琅邪。

夏，四月，王浚将祁弘败汉冀州刺史刘灵于广宗，⑥杀之。

成主雄谓其将张宝曰：『汝能得梓潼，吾以李离之官赏汝。』宝乃先杀人而亡奔梓潼，訇琦等信之，委以心腹。会罗尚遣使至梓潼，琦等出送之；宝从后闭门，琦等奔巴西。雄以宝为太尉。

幽、并、司、冀、秦、雍六州大蝗，食草木、牛马毛皆尽。

秋，七月，汉楚王聪、始安王曜、石勒及安北大将军赵国围河内太守裴整于怀，⑦诏征虏将军宋抽救怀。勒与平北大将军王桑逆击抽，杀之；河内人执整以降，汉主渊以整为尚书左丞。河内督将郭默收整余众，自为坞主，刘琨以默为河内太守。

罗尚卒于巴郡，诏以长沙太守下邳皮素代之。

庚午，汉主渊寝疾；辛未，以陈留王欢乐为太宰，长乐王洋为太傅，江都王延年为太保，楚王聪为大司马、大单于，并录尚书事。置单于台于平阳西。⑧以齐王裕为大司徒，鲁王隆为尚书令，北海王乂为抚军大将军、领司隶校尉，始安王曜为征讨大都督、领单于左辅，廷尉乔智明为冠军大将军、领单于右辅，光禄大夫刘殷为左仆射，王育为右仆射，任颢为吏部尚书，朱纪为中书监，护军马景领左卫将军，永安王安国领右卫将军，安昌王盛、安邑王钦、西阳王璿皆领武卫将军，分典禁兵。初，盛少时，不好读书，唯读《孝经》、《论语》，曰：『诵此能行，足矣，安用多诵而不行乎！』李熹见之，叹曰：『望之如可易，及至，肃如严君，可谓君子矣！』渊以其忠笃，故临终委以要任。

丁丑，渊召太宰欢乐等入禁中，受遗诏辅政。己卯，渊卒；太子和即位。

和性猜忌无恩。宗正呼延攸，翼之子也，渊以其无才行，终身不迁官；侍中刘乘，素恶楚王聪；卫尉西昌王锐，耻不预顾命；乃相与谋，说和曰：『先帝不惟轻重之势，使三王总强兵于内，⑨大司马拥十万众屯于近郊，陛下便为寄坐耳。宜早为之计。』和，攸之甥也，深信之。辛巳夜，召安昌王盛、安邑王钦等告之。盛曰：『先帝梓宫在殡，四王未有逆节，⑩一旦自相鱼肉，天下谓陛下何！且大业甫尔，陛下勿信谗夫之言以疑兄弟。兄弟尚不可信，他人谁足信哉！』攸、锐怒之曰：『今日之议，理无有二，领军是何言乎！』命左右刃之。盛既死，钦惧曰：『惟陛下命！』壬午，锐帅马景攻楚王聪于单于台，攸帅永安王安国攻齐王裕于司徒府，乘帅安邑王钦攻鲁王隆，使尚书田密、武卫将军刘璿攻北海王乂。密、璿挟乂斩关归于聪，聪命贯甲以待之。锐知聪有备，驰还，与攸、乘共攻隆、裕。攸、乘疑安国、钦有异志，杀之。是日，斩裕，癸未，斩隆。甲申，聪攻西明门，⑪克之；锐等走入南宫，前锋随之。乙酉，杀和于光极西室，收锐、攸、乘，枭首通衢。

群臣请聪即帝位；聪以北海王乂，单后之子也，以位让之。乂涕泣固请，聪久而许之，曰：『乂及群公正以祸难尚殷，贪孤年长故耳。此家国之事，孤何敢辞！俟乂年长，当以大业归之。』遂即位。大赦，改元光兴。尊单氏曰皇太后，其母张氏曰帝太后。以乂为皇太弟、领大单于、大司徒。立其妻呼延氏为皇后。呼延氏，渊后之从父妹也。封其子粲为河内王，易为河间王，翼为彭城王，悝为高平王；⑫仍以粲为抚军大将军、都督中外诸军事。以石勒为并州刺史，封汲郡公。

略阳临渭氐酋蒲洪，⑬骁勇多权略，群氐畏服之。汉主聪遣使拜洪平远将军，洪不受，自称护氐校尉、秦州刺史、略阳公。

【注释】

①琀。②阳羡：县名，今江苏宜兴南。③三定江南：指惠帝永兴元年（公元304年）平定石冰、怀帝永嘉元年（公元307年）平定陈敏及本年平定钱琀。④义兴郡：分出吴兴的阳羡和长城县的西乡、丹阳郡的永世而设立。今江苏宜兴。⑤大梁：城名，在今河南开封市西北。⑥广宗：县名，今河北威县东。⑦怀：县名，今河南武陟西南。⑧单于台：汉国实行胡汉分治政策，单于台管理有关胡人的各类事务。⑨三王：指齐王刘裕、鲁王刘隆、北海王刘乂。⑩四王：三王之外，再加楚王刘聪。⑪西明门：平阳城门。汉国建都于平阳，各个城门都用洛阳城门名号。⑫悝。指王叔和。⑬临渭：县名，治今甘肃南安东南。

九月，辛未，葬汉主渊于永光陵，谥曰光文皇帝，庙号高祖。

雍州流民多在南阳，诏书遣还乡里。流民以关中荒残，皆不愿归；征南将军山简、南中郎将杜蕤各遣兵送之，促期令发。京兆王如遂潜结壮士，夜袭二军，破之。于是冯翊严嶷、京兆侯脱各聚众攻城镇，杀令长以应之，未几，众至四五万，自号大将军、领司、雍二州牧，称藩于汉。

冬，十月，汉河内王粲、始安王曜及王弥帅众四万寇洛阳，石勒帅骑二万会粲于大阳，败监军裴邈于渑池，遂长驱入洛川。[1]粲出轩辕，掠梁、陈、汝、颍间。勒出成皋关，[2]壬寅，围陈留太守王赞于仓垣，为赞所败，退屯文石津。

刘琨自将讨刘虎及白部，遣使卑辞厚礼说鲜卑拓跋猗卢以请兵。猗卢使其弟弗之子郁律帅骑二万助之，遂破刘虎、白部，屠其营。琨与猗卢结为兄弟，表猗卢为大单于，以代郡封之为代公。时代郡属幽州，王浚不许，遣兵击猗卢，猗卢拒破之。浚由是与琨有隙。

猗卢以封邑去国悬远，民不相接，乃帅部落万余家自云中入雁门，从琨求陉北之地。[3]琨不能制，且欲倚之为援，乃徙楼烦、马邑、阴馆、繁畤、崞五县民于陉南，[4]以其地与猗卢；由是猗卢益盛。

琨遣使言于太傅越，请出兵共讨刘聪、石勒；越忌苟晞及豫州刺史冯嵩，恐为后患，不许。琨乃谢猗卢之兵，遣归国。

刘虎收余众，西渡河，居朔方肆卢川，[5]汉主聪以虎宗室，封楼烦公。

【注释】

①洛川：地名，今河南黄河以南腹心地带。②成皋关：关隘名，在今河南荥阳汜水镇西。自古即为黄河以南东西交通孔道和战争要塞。文石津：地名，在今河南滑县西南古黄河上。③陉北：地名，指今山西代县雁门关所在陉岭以北地区。④楼烦：县名，治今山西宁武附近。马邑：县名，治今山西朔县。阴馆：县名，治今山西朔县东南夏关城。繁畤：县名，治今山西浑源西南。崞：县名，治今山西浑源西麻庄。陉南：地名，指今山西代县西北雁门关所在陉岭以南地区。⑤肆卢川：地名，指今山西原平县、忻县之间平川。

壬子，以刘琨为平北大将军，王浚为司空，进鲜卑段务勿尘为大单于。

京师饥困日甚，太傅越遣使以羽檄征天下兵，①使入援京师。帝谓使者曰：『为我语诸征、镇：今日尚可救，后则无及矣！』既而卒无至者。征南将军山简遣督护王万将兵入援，军于涅阳，②为王如所败。如遂大掠沔、汉，进逼襄阳，简婴城自守。荆州刺史王澄自将，欲援京师，至沶口，③闻简败，众散而还。朝议多欲迁都以避难，王衍以为不可，卖车牛以安众心。山简为严嶷所逼，自襄阳徙屯夏口。

石勒引兵济河，将趣南阳，王如、侯脱、严嶷等闻之，遣众一万屯襄城以拒勒。勒击之，尽俘其众，进屯宛北。是时，侯脱据宛，王如据穰。④如素与脱不协，遣使重赂勒，结为兄弟，说勒使攻脱。勒攻宛，克之；严嶷引兵救宛，不及而降。勒斩脱，囚嶷，送于平阳，尽并其众。遂南寇襄阳，攻拔江西垒壁三十余所。还，趣襄城，王如遣弟璃袭勒；勒迎击，灭之，复屯江西。

太傅越既杀王延等，大失众望；又以胡寇益盛，内不自安，乃戎服入见，请讨石勒，且镇集兖、豫。帝曰：『今胡虏侵逼郊畿，人无固志，朝廷社稷，倚赖于公，岂可远出以孤根本！』对曰：『臣出，幸而破贼，则国威可振，犹愈于坐待困穷也。』十一月，甲戌，越帅甲士四万向许昌，留妃裴氏、世子毗及龙骧将军李恽、右卫将军何伦守卫京师，防察宫省；以潘滔为河南尹，总留事。越表以行台自随，⑤用太尉衍为军司，朝贤素望，悉为佐吏，名将劲卒，咸入其府。于是宫省无复守卫，荒馑日甚，殿内死人交横；盗贼公行，府寺营署，并掘堑自守。越东屯项，以冯嵩为左司马，自领豫州牧。

竟陵王楙白帝遣兵袭何伦，不克；帝委罪于楙，楙逃窜，得免。

扬州都督周馥以洛阳孤危，上书请迁都寿春。太傅越以馥不先白己而直上书，大怒，召馥及淮南太守裴硕。馥不肯行，令硕帅兵先进。硕诈称受越密旨，袭馥，为馥所败，退保东城。⑥

诏加张轨镇西将军、都督陇右诸军事。光禄大夫傅祗、太常挚虞遗轨书，告以京师饥匮。轨遣参军杜勋献马五百匹，毯布三万匹。

成太傅骧攻谯登于涪城。罗尚子宇及参佐素恶登，不给其粮。益州刺史皮素怒，欲治其罪；十二月，素至巴郡，罗宇等使人夜杀素，建平都尉暴重杀宇，巴郡乱。骧知登食尽援绝，攻涪愈急。士民皆熏鼠食之，饿死甚众，无一人离叛者。骧子寿先在登所，登乃归之。三府官属表巴东监军南阳韩松为益州刺史，⑦治巴东。

初，帝以王弥、石勒侵逼京畿，诏苟晞督帅州郡讨之。会曹嶷破琅邪，北收齐地，⑧兵势甚盛，苟纯闭城自守。晞还救青川，与嶷连战，破之。

是岁，宁州刺史王逊到官，表李钊为朱提太守。时宁州外逼于成，内有夷寇，城邑丘墟。逊恶衣菜食，招集离散，劳徕不倦，数年之间，州境复安。诛豪右不奉法者十余家；以五苓夷昔为乱首，击灭之，内外震服。

汉主聪自以越次而立，忌其嫡兄恭，因恭寝，穴其壁间，刺而杀之。

汉太后单氏卒，汉主聪尊母张氏为皇太后。单氏年少美色，聪烝焉。⑨太弟乂屡以为言，单氏惭恚而死。乂宠由是渐衰，然以单氏故，尚未之废也。呼延后言于聪曰：『父死子继，古今常道。陛下承高祖之业，太弟何为者哉！陛下百年后，粲兄弟必无种矣。』聪曰：『然，吾当徐思之。』呼延氏曰：『事留变生，太弟见粲兄弟浸长，必有不安之志，万一有小人交构其间，未必不祸发于今日也。』聪心然之。乂舅光禄大夫单冲泣谓乂曰：『疏不间亲。主上有意于河内王粲，殿下何不避之！』乂曰：『河瑞之末，主上自惟嫡庶之分，以大位让乂。乂以主上齿长，故相推奉。天下者，高祖之天下，兄终弟及，何为不可！粲兄弟既壮，犹今日也。且子弟之间，亲疏讵几，主上宁可有此意乎！

【注释】

①羽檄：插上了鸟羽的檄令。这是紧急情况下的文告形式，插上羽毛，用取其急速如飞鸟之义。②涅阳：县名，今河南邓县东北。③沶口：地名，在今湖北宜城西，即标水（源出今湖北保康东南）入鄀水（今蛮河）之口。④襄城：县名，今河南襄城。宛：县名，今河南南阳市。穰：县名，今河南邓县。⑤行台：在京城外代替朝廷行使尚书省职权的机构，通常是因军事征伐而设置。⑥东城：县名，今安徽定远东南。⑦三府：指平西将军府、益州刺史府、西戎校尉府。⑧齐地：指今山东泰山以北黄河下游以及胶东半岛地区。⑨烝：专指下辈男子与上辈女子间不正当的两性关系。

五年 春，正月，壬申，苟晞为曹嶷所败，弃城奔高平。①

石勒谋保据江、汉，参军都尉张宾以为不可。会军中饥疫，死者太半，乃渡沔，寇江夏，癸酉，拔之。

乙亥，成太傅骧拔涪城，获谯登。太保始拔巴西，杀文石。于是成主雄大赦，改元玉衡。谯登至成都，雄欲宥之；登词气不屈，雄杀之。

巴蜀流民布在荆、湘间，数为土民所侵苦，蜀人李骧聚众据乐乡反，南平太守应詹与醴陵令杜弢共击破之。②王澄使成都内史王机讨骧，骧请降，澄伪许而袭杀之，以其妻子为赏，沉八千余人于江，流民益怨忿。

蜀人杜畴等复反，湘州参军冯素与蜀人汝班有隙，言于刺史荀眺曰：『巴、蜀流民皆欲反。』眺信之，欲尽诛流民。流民大惧，四五万家一时俱反，以杜弢州里重望，共推为主。弢自称梁、益二州牧、领湘州刺史。

裴硕求救于琅邪王睿，睿使扬威将军甘卓等攻周馥于寿春。馥众溃，奔项，豫州都督新蔡王确执之，馥忧愤而卒。确，腾之子也。

扬州刺史刘陶卒。琅邪王睿复以安东军咨祭酒王敦为扬州刺史，寻加都督征讨诸军事。

庚辰，平原王干薨。

二月，石勒攻新蔡，杀新蔡庄王确于南顿；进拔许昌，杀平东将军王康。

氐苻成、隗文复叛，③自宜都趣巴东；④建平都尉暴重讨之。重因杀韩松，自领三府事。

东海孝献王越既与苟晞有隙，河南尹潘滔、尚书刘望等复从而谮之。晞怒，表求滔等首，扬言：『司马元超为宰相不平，使天下淆乱，苟道将岂可以不义使之！』乃移檄诸州，自称功伐，陈越罪状。帝亦恶越专权，多违诏命；所留将士何伦等，抄掠公卿，逼辱公主；密赐晞手诏，使讨之。晞数与帝文书往来，越疑之，使游骑于成皋间伺之，果获晞使及诏书。乃下檄罪状晞，以从事中郎杨瑁为兖州刺史，使与徐州刺史裴盾共讨晞。晞遣骑收潘滔，滔夜遁，得免；执尚书刘曾、侍中程延，斩之。越忧愤成疾，以后事付王衍；三月，丙子，薨于项，秘不发丧。众共推衍为元帅，衍不敢当；以让襄阳王范，范亦不受。范，玮之子也。于是衍等相与奉越丧还葬东海。何伦、李恽等闻越薨，奉裴妃及世子毗自洛阳东走，城中士民争随之。帝追贬越为县王，以苟晞为大将军、大都督，督青、徐、兖、豫、荆、扬六州诸军事。

益州将吏共杀暴重，表巴郡太守张罗行三府事。罗与隗文等战，死，文等驱掠吏民，西降于成。三府文武共表平西司马蜀郡王异行三府事，领巴郡太守。

初，梁州刺史张光会诸郡守于魏兴，[5]共谋进取。张燕唱言：『汉中荒败，迫近大贼，克复之事，当俟英雄。』光以燕受邓定略，致失汉中，今复沮众，呵出斩之。治兵进战，累年乃得至汉中，绥抚荒残，百姓悦服。

【注释】①高平：县名，今山东微山西北。②醴陵：县名，今湖南醴陵。③『氐苻成』句：苻成等归附罗尚。④宜都：郡名，今湖北宜都。⑤魏兴：郡名，治今陕西安康西北汉江北岸。

夏，四月，石勒帅轻骑追太傅越之丧，及于苦县[1]宁平城，[2]大败晋兵，纵骑围而射之，将士十余万人相践如山，无一人得免者。执太尉衍、襄阳王范、任城王济、武陵庄王澹、西河王喜、梁怀王禧、齐王超、吏部尚书刘望、廷尉诸葛铨、豫州刺史刘乔、太傅长史庾铨等，坐之幕下，问以晋故。衍具陈祸败之由，云计不在己；且自言少无宦情，不豫世事；因劝勒称尊号，冀以自免。勒曰：『君少壮登朝，名盖四海，身居重任，何得言无宦情邪！破坏天下，非君而谁！』命左右扶出。众人畏死，多自陈述。独襄阳王范神色俨然，顾呵之曰：『今日之事，何复纷纭！』勒谓孔苌曰：『吾行天下多矣，未尝见此辈人，当可存乎？』苌曰：『彼皆晋之王公，终不为吾用。』勒曰：『虽然，要不可加以锋刃。』夜，使人排墙杀之。济，宣帝弟子景王陵之子；禧，澹之子也。剖越柩，焚其尸，曰：『乱天下者此人也，吾为天下报之，故焚其骨以告天地。』

何伦等至洧仓，[3]遇勒，战败，东海世子毗及宗室四十八王皆没于勒，何伦奔下邳，李恽奔广宗。裴妃为人所掠卖，久之，渡江。初，琅邪王睿之镇建业，裴妃意也，故睿德之，厚加存抚，以其子冲继越后。

汉赵固、王桑攻裴盾，杀之。

杜弢攻长沙。五月，荀眺弃城奔广州，弢追擒之。于是弢南破零、桂，东掠武昌，杀二千石长吏甚众。

以太子太傅傅祗为司徒，尚书令荀藩为司空，加王浚大司马、侍中、大都督，督幽、冀诸军事，南阳王模为太尉、大都督，张轨为车骑大将军，琅邪王睿为镇东大将军，兼督扬、江、湘、交、广五州诸军事。

初，太傅越以南阳王模不能绥抚关中，表征为司空。将军淳于定说模使不就征，模从之；表遣世子保为平西中郎将，镇上邽，[4]秦州刺史裴苞拒之。模使帐下都尉陈安攻苞，苞奔安定，太守贾疋纳之。

【注释】①苦县：县名，今河南鹿邑东。②宁平城：在今河南鹿邑西南。③洧仓：地名，在今河南鄢陵西北。④上邽：县名，今甘肃天水市。

苟晞表请迁都仓垣，使从事中郎刘会将船数十艘、宿卫五百人、谷千斛迎帝。帝将从之，公卿犹豫，左右恋资财，遂不果行。既而洛阳饥困，人相食，百官流亡者什八九。帝召公卿议，将行而卫从不备。帝抚手叹曰：『如何曾无车舆！』乃使傅祗出诣河阴，治舟楫，朝士数十人导从。帝步出西掖门，至铜驼街，为盗所掠，不得进而还。度支校尉东郡魏浚，帅流民数百家保河阴之硖石，①时劫掠得谷麦，献之。帝以为扬威将军、平阳太守，度支如故。

汉主聪使前军大将军呼延晏将兵二万七千寇洛阳，比及河南，晋兵前后十二败，死者三万余人。始安王曜、王弥、石勒皆引兵会之；未至，晏留辎重于张方故垒；癸未，先至洛阳；甲申，攻平昌门；②丙戌，克之，遂焚东阳门及诸府寺。六月，丁亥朔，晏以外继不至，俘掠而去。帝具舟于洛水，将东走，晏尽焚之。庚寅，荀藩及弟光禄大夫组奔轘辕。辛卯，王弥至宣阳门；③壬辰，始安王曜至西明门；丁酉，王弥、呼延晏克宣阳门，入南宫，升太极前殿，纵兵大掠，悉收宫人、珍宝。帝出华林园门，欲奔长安，汉兵追执之，幽于端门。曜自西明门入屯武库。戊戌，曜杀太子诠、吴孝王晏、竟陵王楙、右仆射曹馥、尚书闾丘冲、河南尹刘默等，士民死者三万余人。遂发掘诸陵，焚宫庙、官府皆尽。曜纳惠帝羊皇后，迁帝及六玺于平阳。石勒引兵出轘辕，屯许昌。光禄大夫刘蕃、尚书卢志奔并州。

丁未，汉主聪大赦，改元嘉平。以帝为特进左光禄大夫，封平阿公，以侍中庾珉、王俊为光禄大夫。珉，敳之兄也。

初，始安王曜以王弥不待己至，先入洛阳，怨之。弥说曜曰：『洛阳天下之中，山河四塞，城池、宫室不假修营，宜白主上自平阳徙都之。』曜以天下未定，洛阳四面受敌，不可守，不用弥策而焚之。弥骂曰：『屠各子，④岂有帝王之意邪？』遂与曜有隙，引兵东屯项关。⑤前司隶校尉刘暾说弥曰：『今九州糜沸，群雄竞逐，将军于汉建不世之功，又与始安王相失，将何以自容！不如东据本州，徐观天下之势，上可以混壹四海，下不失鼎峙之业，策之上者也。』弥心然之。

司徒傅祗建行台于河阴，司空荀藩在阳城，河南尹华荟在成皋，汝阴太守平阳李矩为之立屋，输谷以给之。荟，歆之曾孙也。⑥

藩与弟组、族子中护军崧，荟与弟中领军恒，建行台于密，⑦传檄四方，推琅邪王睿为盟主。藩承制以崧为襄城太守，矩为荥阳太守，前冠军将军河南褚翜为梁国内史。⑧扬威将军魏浚屯洛北石梁坞，⑨刘琨承制假浚河南尹，浚诣荀藩咨谋军事。藩邀李矩同会，矩夜赴之。矩官属皆曰：『浚不可信，不宜夜往。』矩曰：『忠臣同心，何所疑乎！』遂往，相与结欢而去。浚族子该，聚众据一泉坞，⑩藩以为武威将军。

豫章王端，太子诠之弟也，东奔仓垣，荀晞率群官奉以为皇太子，置行台。端承制以晞领太子太傅、都督中外诸军、录尚书事，自仓垣徙屯蒙城。⑪

抚军将军秦王业，吴孝王之子，荀藩之甥也，年十二，南奔密，藩等奉之，南趣许昌。前豫州刺史天水阎鼎，聚西州流民数千人于密，欲还乡里。荀藩以鼎有才而拥众，用鼎为豫州刺史，以中书令李组、司徒左长史彭城刘畴、镇军长史周顗、司马李述等为之参佐。⑫顗，浚之子也。

时海内大乱，独江东差安，中国士民避乱者多南渡江。镇东司马王导说琅邪王睿收其贤俊，与之共事。睿从之，辟掾属百余人，时人谓之百六掾。以前颍川太守勃海刁协为军咨祭酒，前东海太守王承、广陵相卞壸为从事中郎，江宁令诸葛恢、历阳参军陈国陈頵为行参军，⑬前太傅掾庾亮为西曹掾。承，浑之弟子；恢，靓之子；亮，衮之弟子也。

江州刺史华轶，歆之间孙也，自以受朝廷之命而为琅邪王睿所督，多不受其教令。郡县多谏之，轶曰：『吾欲见诏书耳。』及睿承荀藩檄，承制署置官司，改易长史，轶与豫州刺史裴宪皆不从命。睿遣扬州刺史王敦、历阳内史甘卓与扬烈将军庐江周访合兵击轶。轶兵败，奔安成，⑭访追斩之，及其五子。裴宪奔幽州。睿以甘卓为湘州刺史，周访为寻阳太守，又以扬武将军陶侃为武昌太守。

【注释】

①河阴：县名，今河南洛阳市东北。峡石：地方，在今河南洛阳市西北。②平昌门：洛阳南面东头第一门。

③宣阳门：洛阳南面东头第四门。④屠各：从东汉到西晋时匈奴部落之一。在入塞匈奴部落中，屠各势力最强大。

⑤项关：即今河南项城西南顿镇。⑥华歆（公元157～231年）：汉魏之际官吏。字子鱼，平原高唐（今山东禹城西南）人。初举孝廉，汉末官至尚书令，御史大夫。入魏，累任相国、司徒、太尉等职。⑦密：县名，今河南密县东南。⑧巽，人名。⑨石梁坞：地名，在今河南洛阳市东北汉魏洛阳城东。⑩一泉坞：地名，在今河南洛宁东北洛河北岸。⑪蒙城：城名，在今河南商丘东北。⑫缇。⑬颙，人名。⑭安成：郡名，今江西安福东南。

秋，七月，王浚设坛告类，①立皇太子，布告天下，称受中诏承制封拜，备置百官，列署征、镇，以荀藩为太尉，琅邪王睿为大将军。浚自领尚书令，以裴宪及其婿枣嵩为尚书，以田征为兖州刺史，李恽为青州刺史。

南阳王模使牙门赵染戍蒲坂，②染求冯翊太守不得而怒，帅众降汉，汉主聪以染为平西将军。八月，聪遣染与安西将军刘雅帅骑两万攻模于长安，河内王粲、始安王曜帅大众继之。染败模兵于潼关，长驱至下邽。③凉州将北宫纯自长安帅其众降汉。汉兵围长安，模遣淳于定出战而败。模仓库虚竭，士卒离散，遂降于汉。赵染送模于河内王粲；九月，粲杀模。关西饥馑，白骨蔽野，士民存者百无一二。聪以始安王曜为车骑大将军、雍州牧，更封中山王，镇长安。以王弥为大将军，封齐公。

苟晞骄奢苛暴，前辽西太守阎亨，缵之子也，数谏晞，晞杀之。从事中郎明预有疾，自舆入谏。晞怒曰：『我杀阎亨，何关人事，而舆病骂我！』预曰：『明公以礼待预，故预以礼自尽。今明公怒预，其如远近怒明公何！桀为天子，犹以骄暴而亡，况人臣乎！愿明公且置是怒，思预之言。』晞不从。由是众心离怨，加以疾疫、饥馑。石勒攻王赞于阳夏，④擒之。遂袭蒙城，执晞及豫章王弥端，锁晞颈，以为左司马。汉主聪拜勒幽州牧。

王弥与勒，外相亲而内相忌，刘暾说弥使召曹嶷之兵以图勒，弥为书，使暾召嶷，且邀勒兵共向青州。暾至东阿，⑤勒游骑获之，勒潜杀暾而弥不知。会弥将徐邈、高梁辄引所部兵去，弥兵渐衰。弥闻勒擒苟晞，心恶之，以书贺勒曰：『公获苟晞而用之，何其神也！使晞为公左，弥为公右，天下不足定也。』勒谓张宾曰：『王公位重而言卑，其图我必矣。』宾因劝勒乘弥小衰，诱而取之。时勒方与乞活陈午相攻于蓬关，⑥弥亦与刘瑞相持甚急。弥请救于勒，勒未之许。张宾曰：『公常恐不得王公之便，今天以王公授我矣。陈午小竖，不足忧；王公人杰，当早除之。』勒乃引兵击瑞，斩之。弥大喜，谓勒实亲己，不复疑也。冬，十月，勒请弥燕于己吾。⑦弥将往，长史张嵩谏，不听。

酒酣，勒手斩弥而并其众，表汉主聪，称弥叛逆。聪大怒，遣使让勒『专害公辅，有无君之心』，然犹加勒镇东大将军、督并、幽二州诸军事、领并州刺史，以慰其心。苟晞、王赞潜谋叛勒，勒杀之，并晞弟纯。

勒引兵掠豫州诸郡，临江而还，屯于葛陂。⑧

初，勒之为人所掠卖也，与其母王氏相失。刘琨得之，遣使并其从子虎送于勒，因遗勒书曰：『将军用兵如神，所向无敌。所以周流天下而无容足之地，百战百胜而无尺寸之功者，盖得主则为义兵，附逆则为贼众故也。成败之数，有似呼吸，吹之则寒，嘘之则温。今相授侍中、车骑大将军、领护匈奴中郎将、襄城郡公，将军其受之！』勒报书曰：『事功殊途，非腐儒所知。君当逞节本朝，吾自夷难为效。』遗琨名马、珍宝，厚礼其使，谢而绝之。

时虎年十七，残忍无度，为军中患。勒白母曰：『此儿凶暴无赖，使军人杀之，声名可惜，不若自除之。』母曰：『快牛为犊，多能破车，汝小忍之！』及长，便弓马，勇冠当时。勒以为征虏将军，每屠城邑，鲜有遗类。然御众严而不烦，莫敢犯者，指授攻讨，所向无前，勒遂宠任之。勒攻荥阳太守李矩，矩击却之。

【注释】

①告类：类祭，遇到特殊事件如皇帝登位或立太子等而举行的祭天仪式。②蒲坂：县名，今山西永济西南。③下邽：县名，今陕西渭南北下邽镇东南渭河北岸。④阳夏：县名，今河南太康。⑤东阿：县名，今山东阳谷东北阿城镇。⑥蓬关：关隘口，在今河南开封西南。⑦己吾：县名，今河南宁陵西南。⑧葛陂：地名，在今河南新蔡北。

初，南阳王模以从事中郎綝为冯翊太守。①綝，靖之子也。模死，綝与安夷护军金城麹允、频阳令梁肃，俱奔安定。时安定太守贾疋与诸氐、羌皆送任子于汉，綝等遇之于阴密，拥还临泾，②与疋谋兴复晋室，疋从之。乃共推疋为平西将军，帅众五万向长安。雍州刺史麹特、新平太守竺恢皆不降于汉，闻疋起兵，与扶风太守梁综帅众十万会之。综，肃之兄也。汉河内王粲在新丰，使其将刘雅、赵染攻新平，不克。索綝救新平，大小百战，雅等败退。中山王曜与疋等战于黄丘，③曜众大败。疋遂袭汉梁州刺史彭荡仲，杀之。麹特等击破粲于新丰，粲还平阳。于是疋等兵势大振，关西胡、晋翕然响应。

阎鼎欲奉秦王业入关，据长安以号令四方；河阴令傅畅，祗之子也，亦以书劝之，鼎遂行。荀藩、刘畴、周敳、李述等，皆山东人，不欲西行，中途逃散；鼎遣兵追之，不及，杀李绲等。鼎与业自宛趣武关，遇盗于上洛，④士卒败散，收其余众，进至蓝田，使人告贾疋，疋遣兵迎之；十二月，入于雍城，⑤使梁综将兵卫之。

周敳奔琅邪王睿，睿以敳为军谘祭酒。前骑都尉谯国桓彝亦避乱过江，见睿微弱，谓敳曰：『我以中州多故，来此求全，而单弱如此，将何以济！』既而见王导，共论世事，退，谓敳曰：『向见管夷吾，⑥无复忧矣！』诸名士相与登新亭游宴，⑦周敳中坐叹曰：『风景不殊，举目有江河之异！』因相视流涕。王导愀然变色曰：⑧『当共戮力王室，克复神州，何至作楚囚对泣邪！』众皆收泪谢之。

陈𬱖遗王导书曰：『中华所以倾弊者，正以取才失所，先白望而后实事，浮竞驱驰，互相贡荐，言重者先显，言轻者后叙，遂相波扇，乃至陵迟。加有庄、老之俗，倾惑朝廷，养望者为弘雅，政事者为俗人，王职不恤，法物坠丧。夫欲制远，先由近始。今宜改张，明赏信罚，拔卓茂于密县，⑨显朱邑于桐乡，⑩然后大业可举，中兴可冀耳。』导不能从。

刘琨长于招怀而短于抚御，一日之中，虽归者数千，而去者亦相继。琨遣子遵请兵于代公猗卢，又遣族人高阳内史希合众于中山，幽州所统代郡、上谷、广宁之民多归之，⑪众至三万。王浚怒，遣燕相胡矩督诸军，与辽西公段疾陆眷共攻希，杀之，驱略三郡士女而去。疾陆眷，务勿尘之子也。猗卢遣其子六修将兵助琨戍新兴。

琨牙门将邢延以碧石献琨，琨以与六修，六修复就延求之，不得，执延妻子。延怒，以所部兵袭六修，六修走，延遂以新兴附汉，请兵以攻并州。

李臻之死也，辽东附塞鲜卑素喜连、木丸津托为臻报仇，攻陷诸县，杀掠士民，屡败郡兵，连年为寇。东夷校尉封释不能讨，请与连和，连、津不从。民失业，归慕容廆者甚众，廆禀给遣还，愿留者即抚存之。

廆少子鹰扬将军翰言于廆曰：『自古有为之君，莫不尊天子以从民望，成大业。今连、津外以宠本为名，内实幸灾为乱。封使君已诛本请和，而寇暴不已。中原离乱，州师不振，辽东荒散，莫之救恤，单于不若数其罪而讨之。上则兴复辽东，下则并吞二部，忠义彰于本朝，私利归于我国，此霸王之基也。』廆笑曰：『孺子乃能及此乎！』遂帅众东击连、津，以翰为前锋，破斩之，尽并二部之众。得所掠民三千余家，及前归廆者悉以付郡，辽东赖以复存。

封释疾病，属其孙弈于廆。释卒，廆召弈与语，说之，曰：『奇士也！』补小都督。释子冀州主簿悛、幽州参军抽来奔丧。廆见之，曰：『此家抎抎千斤犍也。』[12]以道不通，丧不得还，皆留仕廆，廆以抽为长史，悛为参军。

王浚以妻舅崔毖为东夷校尉。毖，琰之曾孙也。[13]

【注释】

①綝，人名。②阴密：县名，今甘肃灵台西南。临泾：县名，今甘肃镇原东南。③新丰：县名，今陕西临潼东北阴盘城。黄丘：地名，在今陕西铜川市西北黄钦山下。④武关：关隘口，在今陕西商洛西南丹江北岸。上洛：县名，今陕西商县。⑤雍城：城名，在今陕西凤翔西南。⑥管夷吾：即春秋时齐国著名政治家管仲。这里，桓彝将王导比作管仲。⑦新亭：地名，在今江苏南京市南，三国时吴国所筑。⑧愀然：神色严肃的样子。⑨『拔卓茂』句：西汉末年，密县县令卓茂以礼法教化百姓，道不拾遗。⑩『显朱邑』句：汉宣帝时，舒县桐乡啬夫朱邑公平廉洁，被宣帝重用，官至大司农。⑪广宁：郡名，今河北涿鹿。⑫抎：坠落。犍：阉割过的公牛。⑬琰：崔琰，东汉末官吏。字季珪，清河东武城（今河北清河东北）人。少朴讷，尚武事，后求学于郑玄。初归袁绍，后附曹操，官至中尉，有『公亮』之称。既而遭诬陷，为曹操所杀。

孝怀皇帝下

永嘉六年 春，正月，汉呼延后卒，谥曰武元。

汉镇北将军靳冲、平北将军卜珝寇并州；辛未，围晋阳。

甲戌，汉主聪以司空王育、尚书令任𫖮女为左、右昭仪，[1]中军大将军王彰、中书监范隆、左仆射马景女皆为夫人，右仆射朱纪女为贵妃，皆金印紫绶。聪将纳太保刘殷女，太弟乂固谏。聪以问太宰延年、太傅景，皆曰：『太保自云刘康公之后，[2]与陛下殊源，纳之何害！』聪悦，拜殷二女英、娥为左、右贵嫔，位在昭仪上；又纳殷女孙四人皆为贵人，位次贵妃。于是六刘之宠倾后宫，聪希复出外，事皆中黄门奏决。

故新野王歆牙门将胡亢聚众于竟陵，自号楚公，寇掠荆土，以歆南蛮司马新野杜曾为竟陵太守。曾勇冠三军，能被甲游于水中。

二月，壬子朔，日有食之。

石勒筑垒于葛陂，[3]课农造舟，将攻建业。琅邪王睿大集江南之众于寿春，以镇东长史纪瞻为扬威将军，都督诸军以讨之。

会大雨，三月不止，勒军中饥疫，死者太半，闻晋军将至，集将佐议之。右长史刁膺请先送款于睿，求扫平河朔以自赎，俟其军退，徐更图之，勒愀然长啸。[4]中坚将军夔安请就高避水，勒曰：『将军何怯邪！』孔苌等三十余将请各将兵，分道夜攻寿春，斩吴将头，据其城，食其粟。要以今年破丹杨，定江南。勒笑曰：『是勇将之计也！』各赐铠马一匹。顾谓张宾曰：『于君意何如？』宾曰：『将军攻陷京师，囚执天子，杀害王公，妻略妃主。擢将军之发，不足以数将军之罪，奈何复相臣奉乎！去年既杀王弥，不当来此；今天降霖雨于数百里中，示将军不应留此也。邺有三台之固，西接平阳，山河四塞，宜北徙据之，以经营河北，河北既定，天下无处将军之右者矣。晋之保寿春，畏将军往攻之耳。彼闻吾去，喜于自全，何暇追袭吾后，为吾不利邪！将军宜使辎重从北道先发，将军引大兵向寿春。辎重既远，大兵徐还，何忧进退无地乎？』勒攘袂鼓髯曰：『张君计是也！』责刁膺曰：『君既相辅佐，当共成大功，奈何遽劝孤降！此策应斩！然素知君怯，特相宥耳。』于是黜膺为将军，擢宾为右长史，号曰『右侯』。

勒引兵发葛陂，遣石虎帅骑二千向寿春，遇晋运船，虎将士争取之，为纪瞻所败。瞻追奔百里，前及勒军，勒结陈待之；瞻不敢击，退还寿春。

【注释】

①昭仪：皇帝妃嫔名。仅次于皇后，位视丞相，爵比诸侯王。②刘康公：春秋时周王室大臣。为周匡王之子，以采邑在刘，后代因之以刘为姓氏。康公是其谥号。③葛陂：陂塘名，在今河南新蔡北。上承滍水（今洪河），东出为鲖水、富水等注入淮河。周三十里，今陂与鲖水、富水皆湮。④啸：吹口哨。以往一般注释为『唉声长叹』。

汉主聪封帝为会稽郡公，加仪同三司。聪从容谓帝曰：『卿昔为豫章王，朕与王武子造卿，武子称朕于卿，卿言闻其名久矣，赠朕柘弓银研，[1]卿颇记否？』帝曰：『臣安敢忘之？但恨尔日不早识龙颜！』聪曰：『卿家骨肉何相残如此？』帝曰：『大汉将应天受命，故为陛下自相驱除，此殆天意，非人事也！且臣家若能奉武皇帝之业，九族敦睦，陛下何由得之！』聪喜，以小刘贵人妻帝，曰：『此名公子孙也，卿善遇之。』

代公猗卢遣兵救晋阳，三月，乙未，汉兵败走。卜珝之卒先奔，靳冲擅收珝，斩之；聪大怒，遣使持节斩冲。

聪纳其舅子辅汉将军张实二女徽光、丽光为贵人，太后张氏之意也。

凉州主簿马鲂说张轨：『宜命将出师，翼戴帝室。』轨从之，驰檄关中，共尊辅秦王，且言：『今遣前锋督护宋配帅步骑二万，径趋长安；西中郎将实帅中军三万，武威太守张琠帅胡骑二万，络绎继发。』

夏，四月，丙寅，征南将军山简卒。

汉主聪封其子敷为渤海王，骥为济南王，鸾为燕王，鸿为楚王，劢为齐王，权为秦王，操为魏王，持为赵王。

聪以鱼蟹不供，斩左都水使者襄陵王摅；[2]作温明、徽光二殿未成，斩将作大匠望都公靳陵。观渔于汾水，昏夜不归。中军大将军王彰谏曰：『比观陛下所为，臣实痛心疾首。今愚民归汉之志未专，思晋之心犹甚；刘琨咫尺，刺客纵横。帝王轻出，一夫敌耳。愿陛下改往修来，则亿兆幸甚！』聪大怒，命斩之。王夫人叩头乞哀，乃囚之。太后张氏以聪刑罚过差，三日不食；太弟乂、单于粲舆榇切谏。聪怒曰：『吾岂桀、纣，而汝辈生来哭人！』太宰延年、太保殷等公卿、列侯百余人，皆免冠涕泣曰：『陛下功高德厚，旷世少比，往也唐、虞，今则陛下。而顷来以小小不供，亟斩王公；直言忤旨，遽囚大将。此臣等窃所未解，故相与忧之，忘寝与食。』聪慨然曰：『朕昨大醉，非其本心，微公等言之，朕不闻过。』各赐帛百匹，使侍中持节赦彰曰：『先帝赖君如左右手，君著勋再世，朕敢忘之！此段之过，希君荡然。君能尽怀忧国，朕所望也。今进君骠骑将军、定襄郡公，后有不逮，幸数匡之！』

王弥既死，汉安北将军赵固、平北将军王桑恐为石勒所并，欲引兵归平阳。军中乏粮，士卒相食，乃自硖硗津西渡，③攻掠河北郡县。刘琨以其兄子演为魏郡太守，镇邺，固、桑恐演邀之，遣长史临深为质于琨。琨以固为雍州刺史，桑为豫州刺史。

贾疋等围长安数月，汉中山王曜连战皆败，驱掠士女八万余口，奔于平阳。秦王业自雍入于长安。五月，汉主聪贬曜为龙骧大将军，行大司马。聪使河内王粲攻傅祗于三渚，④右将军刘参攻郭默于怀；会祗病薨，城陷，粲迁祗子孙并其士民二万余户于平阳。

六月，汉主聪欲立贵嫔刘英为皇后。张太后欲立贵人张徽光，聪不得已，许之。英寻卒。

汉大昌文献公刘殷卒。殷为相，不犯颜忤旨，然因事进规，补益甚多。汉主聪每与群臣议政事，殷无所是非；群臣出，殷独留，为聪敷畅条理，商榷事宜，聪未尝不从之。殷常戒子孙曰：『事君当务几谏。凡人尚不可面斥其过，况万乘乎！⑤夫几谏之功，无异犯颜，但不彰君之过，所以为优耳。』官至侍中、太保、录尚书，赐剑履上殿、入朝不趋、乘舆入殿。然殷在公卿间，常恂恂有卑让之色，故能处骄暴之国，保其富贵，不失令名，以寿考自终。

汉主聪以河间王易为车骑将军，彭城王翼为卫将军，并典兵宿卫。高平王悝为征南将军，镇离石；济南王骥为征西将军，筑西平城以居之；⑥魏王操为征东将军，镇蒲子。

赵固、王桑自怀求迎于汉，汉主聪遣镇远将军梁伏疵将兵迎之。未至，长史临深、将军牟穆帅众一万叛归刘演。固随疵而西，桑引其众东奔青州，固遣兵追杀之于曲梁，⑦桑将张凤帅其余众归演。聪以固为荆州刺史、领河南太守，镇洛阳。

【注释】

①柘弓：用柘木制成的良弓。柘，为落叶灌木或乔木，叶可喂蚕，木材中心为黄色，质坚而致密，是贵重的木材。②摅：人名。③砐硗津：即确磝津，在今山东茌平西南。④三渚：城名，在今河南孟县南黄河畔。⑤几谏：对尊长婉言规劝。万乘：本义为一万辆战车。周制，天子地方千里，兵车万辆，故以万乘指代天子。⑥西平城：城名，在今山西临汾。⑦曲梁：县名，治今河北永年。

石勒自葛陂北行，所过皆坚壁清野，虏掠无所获，军中饥甚，士卒相食。至东燕，闻汲郡向冰聚众数千壁枋头，勒将济河，恐冰邀之。张宾曰：『闻冰船尽在渎中未上，宜遣轻兵间道袭取，以济大军，大军既济，冰必可擒也。』秋，七月，勒使支雄、孔苌自文石津缚筏潜渡，取其船。勒引兵自棘津济河，①击冰，大破之，尽得其资储，军势复振，遂长驱至邺。刘演保三台以自固，临深、牟穆等复帅其众降于勒。

诸将欲攻三台，张宾曰：『演虽弱，众犹数千，三台险固，攻之未易猝拔。舍而去之，彼将自溃。方今王彭祖、刘越石，②公之大敌也，宜先取之，演不足顾也。且天下饥乱，明公虽拥大兵，游行羁旅，人无定志，非所以保万全、制四方也。不若择便地而据之，广聚粮储，西禀平阳以图幽、并，此霸王之业也。邯郸、襄国，形胜之地，请择一而都之。』勒曰：『右侯之计是也。』遂进据襄国。

宾复言于勒曰：『今吾居此，彭祖、越石所深忌也，恐城堑未固，资储未广，二寇交至。宜亟收野谷，且遣使至平阳，具陈镇此之意。』勒从之，分命诸将攻冀州，郡县壁垒多降，运其谷以输襄国；且表于汉主聪，聪以勒为都督冀、幽、并、营四州诸军事、冀州牧，进封上党公。

刘琨移檄州郡，期以十月会平阳，击汉。琨素奢豪，喜声色。河南徐润以音律得幸于琨，琨以为晋阳令。润骄恣，干预政事。护军令狐盛数以为言，且劝琨杀之，琨不从。润谮盛于琨，琨收盛，杀之。琨母曰：『汝不能驾御豪杰以恢远略，而专除胜己，祸必及我。』

盛子泥奔汉，具言虚实。汉主聪大喜，遣河内王粲、中山王曜将兵寇并州，以令狐泥为乡导。琨闻之，东出，收兵于常山及中山，使其将郝诜、张乔将兵拒粲，且遣使求救于代公猗卢。诜、乔俱败死。粲、曜乘虚袭晋阳，太原太守高乔、并州别驾郝聿以晋阳降汉。八月，庚戌，琨还救晋阳，不及，帅左右数十骑奔常山。辛亥，粲、曜入晋阳。壬子，令狐泥杀琨父母。

粲、曜送尚书卢志、侍中许遐、太子右卫率崔玮于平阳。聪复以曜为车骑大将军，以前将军刘丰为并州刺史，镇晋阳。九月，聪以卢志为太弟太师，崔玮为太傅，许遐为太保，高乔、令狐泥皆为武卫将军。

【注释】

①枋头：地名，在今河南浚县西南淇门渡。棘津：地名，在今河南滑县西南古黄河上，又称作石济津、南津。

②王彭祖、刘越石：即王浚、刘琨。

己卯，汉卫尉梁芬奔长安。

辛巳，贾疋等奉秦王业为皇太子，建行台于长安，登坛告类，建宗庙、社稷，[1]大赦。以阎鼎为太子詹事，总摄百揆；加贾疋征西大将军，以秦州刺史南阳王保为大司马。命司空荀藩督摄远近，光禄大夫荀组领司隶校尉、行豫州刺史，与藩共保开封。

秦州刺史裴苞据险以拒凉州兵，张实、宋配等击破之，苞奔柔凶坞。[2]

冬，十月，汉主聪封其子恒为代王，逞为吴王，朗为颍川王，皋为零陵王，旭为丹杨王，京为蜀王，坦为九江王，晃为临川王；以王育为太保，王彰为太尉，任顗为司徒，马景为司空，朱纪为尚书令，范隆为左仆射，呼延晏为右仆射。

代公猗卢遣其子六修及兄子普根、将军卫雄、范班、箕澹帅众数万为前锋以攻晋阳，猗卢自帅众二十万继之，刘琨收散卒数千为之乡导。六修与汉中山王曜战于汾东，曜兵败，坠马，中七创。讨虏将军傅虎以马授曜，曜不受，曰：『卿光乘以自免，吾创已重，自分死此。』虎泣曰：『虎蒙大王识拔至此，常思效命，今其时矣。且汉室初基，天下可无虎，不可无大王也！』乃扶曜上马，驱令渡汾，自还战死。曜入晋阳，夜，与大将军粲、镇北大将军丰掠晋阳之民，逾蒙山而归。[3]十一月，猗卢追之，战于蓝谷，汉兵大败，擒刘丰，斩邢延等三千余级，伏尸数百里。猗卢因大猎寿阳山，[4]陈阅皮肉，山为之赤。刘琨自营门步入拜谢，固请进军。猗卢曰：『吾不早来，致卿父母见害，诚以相愧。今卿已复州境，吾远来，士马疲弊，且待后举，刘聪未可灭也。』遣琨马、牛、羊各千余匹，车百乘而还，留其将箕澹、段繁等戍晋阳。

琨徙居阳曲，[5]招集亡散。卢谌为刘粲参军，亡归琨，汉人杀其父志及弟谧、诜。赠傅虎幽州刺史。

【注释】

①社稷：祭祀土地神和谷神的处所。②柔凶坞：地名，在今甘肃天水市西南。③蒙山：山名，在今山西太原市西南。蓝谷：地名，在今山西太原市西南。④寿阳山：山名，在今山西寿阳东北。⑤阳曲：县名，治今山西定襄东南。

十二月，汉主聪立皇后张氏，以其父实为左光禄大夫。

彭仲荡之子天护帅群胡攻贾疋，天护阳不胜而走，疋追之，夜坠涧中，天护执而杀之。汉以天护为凉州刺史。众推始平太守麴允领雍州刺史。阎鼎与京兆太守梁综争权，鼎遂杀综。麴允与抚夷护军索綝、冯翊太守梁肃合兵攻鼎，鼎出奔雍，为氐窦首所杀。

广平游纶、张豺拥众数万，据苑乡，[1]受王浚假署。石勒遣夔安、支雄等七将攻之，破其外垒。浚遣督护王昌帅诸军及辽西公段疾陆眷、疾陆眷弟匹磾、文鸯、从弟末柸部众五万攻勒于襄国。[2]

疾陆眷屯于渚阳，[3]勒遣诸将出战，皆为疾陆眷所败。疾陆眷大造攻具，将攻城，勒众甚惧。勒召将佐谋之曰：『今城堑未固，粮储不多，彼众我寡，外无救援，吾欲悉众与之决战，何如？』诸将皆曰：『不如坚守以疲敌，待其退而击之。』张宾、孔苌曰：『鲜卑之种，段氏最为勇悍，而末柸尤甚，其锐卒皆在末柸所。今闻疾陆眷刻日攻北城，其大众远来，战斗连日，谓我孤弱，不敢出战，意必懈惰；宜且勿出，示之以怯，凿北城为突门二十余道，[4]俟其来至，列守未定，出其不意，直冲末柸帐，彼必震骇，不暇为计，破之必矣。末柸败，则其余不攻而溃矣。』勒从之，密为突门。既而疾陆眷攻北城，勒登城望之，见其将士或释仗而寝，乃命孔苌督锐卒自突门出击之，城上鼓以助其势。苌攻末柸帐，不能克而退。末柸逐之，入其垒门，为勒众所获，疾陆眷等军皆退走。苌乘胜追击，枕尸三十余里，获铠马五千匹。疾陆眷收其余众，还屯渚阳。

勒质末柸，遣使求和于疾陆眷，疾陆眷许之。文鸯谏曰：『今以末柸一人之故而纵垂亡之虏，得无为王彭祖所怨，招后患乎！』疾陆眷不从，复以铠马金银赂勒，且以末柸三弟为质而请末柸。诸将皆劝勒杀末柸，勒曰：『辽西鲜卑健国也，与我素无仇雠，为王浚所使耳。今杀一人而结一国之怨，非计也。归之，必深德我，不复为浚用矣。』乃厚以金帛报之，遣石虎与疾陆眷盟于渚阳，结为兄弟。疾陆眷引归，王昌等不能独留，亦引兵还蓟。勒召末柸，与之燕饮，誓为父子，遣还辽西。末柸在涂，日南向而拜者三。由是段氏专心附勒，王浚之势遂衰。

游纶、张豺请降于勒。勒攻信都，杀冀州刺史王象。浚复以邵举行冀州刺史，保信都。

【注释】①苑乡：城名，在今河北任县东北。②碑、柸。③渚阳：城名，在今河北邢台市东北。④突门：城墙内侧的暗门。

是岁大疫。

王澄少与兄衍名冠海内。刘琨谓澄曰：『卿形虽散朗，而内实动侠，以此处世，难得其死。』及在荆州，悦成都内史王机，谓为己亚，使之内综心膂，外为爪牙。澄屡为杜弢所败，望实俱损，犹傲然自得，无忧惧之意，但与机日夜纵酒博弈，由是上下离心。南平太守应詹屡谏，①不听。

澄自出军击杜弢，军于作塘。②故山简参军王冲拥众迎应詹为刺史，詹以冲无赖，弃之，还南平，冲乃自称刺史。澄惧，使其将杜蕤守江陵，徙治孱陵，寻又奔沓中。③别驾郭舒谏曰：『使君临州虽无异政，然一州人心所系，今西收华容之兵，④足以擒此小丑，奈何自弃，遽为奔亡乎！』澄不从，欲将舒东下。舒曰：『舒为万里纪纲，⑤不能匡正，令使君奔亡，诚不忍渡江。』乃留屯沌口。⑥琅邪王睿闻之，召澄为军谘祭酒，以军谘祭酒周顗代之，澄乃赴召。

顗始至州，建平流民傅密等叛迎杜弢，弢别将王真袭沔阳，顗狼狈失据。征讨都督王敦遣武昌太守陶侃、寻阳太守周访、历阳内史甘卓共击弢，敦进屯豫章，为诸军继援。

王澄过诣敦，自以名声素出敦右，犹以旧意侮敦。敦怒，诬其与杜弢通信，遣壮士搤杀之。王机闻澄死，惧祸，以其父毅、兄矩皆尝为广州刺史，就敦求广州，敦不许。会广州将温邵等叛刺史郭讷，迎机为刺史，机遂将奴客门生千余人入广州。讷遣兵拒之，将士皆机父兄时部曲，不战迎降，讷乃避位，以州授之。

王如军中饥乏，官军讨之，其党多降；如计穷，遂降于王敦。

镇东军司顾荣、前太子洗马卫玠皆卒。玠，瓘之孙也，美风神，善清谈；常以为人有不及，可以情恕，非意相干，可以理遣，故终身不见喜愠之色。

江阳太守张启，杀行益州刺史王异而代之。启，翼之孙也，[7]寻病卒。三府文武共表涪陵太守向沈行西夷校尉，南保涪陵。

南安赤亭羌姚弋仲东徙榆眉，[8]戎、夏襁负随之者数万；自称护羌校尉、雍州刺史、扶风公。

【注释】

①南平：郡名，今湖北公安西北。②作塘：县名，今湖南安乡北。③孱陵：县名，今湖北公安西。沓中：地名，今湖北沔阳县一带。④华容：县名，在今湖北监利北。⑤万里纪纲：万里，州的代称，纪纲，管理之义。郭舒当时任州别驾，故自称万里纪纲。⑥沌口：地名，在今湖北武汉市汉阳西南，是古沌水入长江之口。⑦张翼（？～公元246年）：三国时蜀国官吏。字伯恭，犍为武阳（今四川彭山东）人。自刘备入川，冀即入仕，后颇得诸葛亮赏识。屡官至左车骑将军，魏灭蜀，翼与姜维同守剑阁，后降魏将钟会。次年，在成都为乱兵所杀。⑧南安：郡名，治今甘肃陇西东南。赤亭：在今甘肃陇西县西。榆眉：城名，在今陕西千阳东。